Holunderzauber
Ein Kochbuch & mehr

Ringel Rangel Reihe ...

.... wir sind der Kinder dreie
wir sitzen unterm Hollerbusch
und machen alle husch husch husch.

Holunderzauber

Ein Kochbuch & mehr

Von Andrea Oppermann

SCHNELL

SCHNELL Buch & Druck
Warendorfer Lieblingsbücher

Impressum

Holunderzauber
Ein Kochbuch & mehr

Rezepte: Andrea Oppermann

Illustrationen: Hildegard-Johanna Seeger

ISBN 3-87716-756-X

Inhaltsverzeichnis

Eine Perle am Wegesrand

Der Holunder begleitet den Menschen von alters her in vielen Bereichen des Lebens. Er gilt in der Naturheilkunde schon lange als Geheimtipp. In früheren Zeiten galt er oft auch als Medizin der einfachen Leute. Leckere Dinge lassen sich in der Küche damit zaubern, so erlebt er für den genussorientierten Verbraucher zurzeit eine wahre Wiedergeburt. Auch als Färbemittel oder in der Kosmetik kommt er zum Einsatz.

Oft wird er übersehen, steht einfach am Wegesrand. Er wächst fast überall, zumeist in Gärten oder gerade auf den Schleswig-Holsteinischen „Knicks“ und in unseren Wäldern. Manchmal sogar dort, mitten im Garten, und einfach in den Hecken, wo er nicht gerne gesehen wird.

Bei den Recherchen für dieses Buch entdeckten mein Mann Karsten und ich viele interessante Dinge über den Holunder. Ungewöhnliches, Althergebrachtes, aber auch Dinge, die für uns selbstverständlich sind - Nur gar nicht so im Bewusstsein waren.

Je mehr wir uns mit dem Holunder beschäftigten, desto mehr faszinierte er uns.

Er hatte in unseren Familien schon immer einen festen Platz. Ob Säfte, Grog, Marmeladen und und und... Bei Erkältung - Keine Frage, gab es heißen Fliederbeersaft!

Als wir dieses Buch zum Abschluss brachten, waren wir allerdings über die vielen Informationen, die wir in Erfahrung gebracht hatten, völlig überrascht.
Wir stellten uns die Frage: `Grenzt es nicht an Zauberei, was der Holunder alles kann?` So kam dann auch das Buch zu seinem Namen.

Lassen Sie sich von uns in die „ Holunderwelt" entführen! Lassen Sie sich von uns ermutigen, ein Stück Natur für sich und Ihre Familie wieder zu entdecken. Es lohnt sich!

Andrea Oppermann

Ein Stück zur Geschichte

Bereits im 5. Jahrhundert v. Christus hat der berühmte griechische Arzt Hippokrates auf die heilende Wirkung des Holunders zurückgegriffen.
Der Spruch: „Man möge vor dem Holunderstrauch den Hut ziehen“ - unterstreicht neben dem Spruch: „Hausapotheke des Einödbauern“ - schon den eigentlich fest verwurzelten Stand des Holunders in der Volksmedizin.

Viele Menschen unserer Zeitgeschichte wussten um die wohltuenden Wirkungen des Holunders.

Gajus Plinius Secundus (23-79 n. Chr.) war ein Feldherr und Staatsmann, aber auch ein leidenschaftlicher Naturkundler, der sich unter anderem mit dem Holunder beschäftigte.

Thomas von Aquin (13. Jh.) würdigte den Holunder als bedeutende Heilpflanze.

Hildegard von Bingen (1098-1179) erkannte seine Vorzüge und nutzte ihn für Schwitzbäder, bei Gichtleiden und vielem mehr.

Auch der berühmte Arzt Paracelsus (1493-1541) war von der heilenden Wirkung des Holunders überzeugt.

Dann geriet die Pflanzenheilkunde, so auch der Holunder, etwas in Vergessenheit.

Neuere Beachtung erfuhr der Holunder dann wieder unter Pfarrer Kneipp (1821-1897).

Auch dank der Klostermedizin und vieler Anhänger der Naturmedizin, wurden immer wieder alte und neue Erfahrungen und Erkenntnisse zusammengetragen, die uns bis heute von großem Nutzen geblieben sind.

Mythologie

Mythologie war in Zeiten unserer Vorfahren mit dem Alltagsleben eng verwoben und daher auch sehr vertraut.

In der Mythologie stand der Hollerstrauch als Bindeglied zwischen den Wesen über der Erde, und denen unter der Erde. Er galt außerdem als Schutzschild für die Lebenden. Auch Jäger stellten oftmals ihre Fallen unter Holunderbüsche, weil sie an diesen Stellen leichter Beute machten. Das waren einige der Gründe, weshalb der Hollerbusch in der Nähe der Menschen immer gerne gesehen war.

Die alten Griechen bauten aus dem Holz des Holunders eine spezielle Harfe.

Ratsversammlungen wurden oft in der Nähe von Holunderbäumen abgehalten, denn man schrieb ihnen eine positive Wirkung auf Ihr Umfeld zu.

Die alten Germanen setzten sich in der Mittsommernacht unter die Holunderbüsche

und spielten dazu auf einer Flöte aus Holunderholz. Sie hofften so, einen Blick auf die Elfenkönigen werfen zu können.
In der keltischen Mythologie spielten Bäume eine wichtige Rolle. Der Verlauf eines Jahres wurde durch Bäume bestimmt und in Form eines Baumkalenders festgeschrieben. Auch die Naturmagie spielte eine große Rolle. Der Holunder wurde als Baum der Königin verehrt und im Kalender dem dritten Mond zugeordnet.

Auch in der Literatur und im Volksmund finden sich immer wieder Hinweise auf den Holunder.

Eine Novelle von Wilhelm Raabe heißt: Holunderblüte.
Darin erinnert sich ein alter Arzt an eine zarte Liebesgeschichte in seiner Studienzeit. Angeregt durch einen Holunderblütenkranz erzählt er von seiner Begegnung mit der noch kindhaften, vom Wissen um eine schwere Krankheit gezeichneten Jemina Löw.
Der geheimnisumwitterte, von Holunderblütenduft durchströmte Prager

Judenfriedhof ist Schauplatz dieser bezaubernden Romanze.
Diese Novelle ist als Reclamheft auch heute noch erhältlich.

Auch eins der bekanntesten Märchen, das Märchen von Frau Holle, steht in enger Beziehung zum Holunder.

In seiner früheren Version schreibt man der uns bekannten Frau Holle, der Holundermutter, den Einfluss auf unser Wetter zu. Weshalb den Bauern immer daran lag, dass die Holundermutter, ihre Bauerngöttin, ihnen wohlgesonnen war. Das geht über Jahrhunderte auf den germanischen Mythos zurück. Das Märchen in seiner heutigen Form ist eine eher neuere Version, in der sich aber vieles wieder findet, wie zum Beispiel Frau Holles Einfluss auf das Wetter, was immer noch auf den Ursprung schließen lässt.

Auch Kinderbücher, wie Bruno & Holunder - zwei Kater auf großer Fahrt, lassen auf eine Affinität zum Holunder schließen.

Auch in Kinderreimen ist der Holunder zu finden.
Wer kennt ihn nicht, den Reim:

Ringel, Rangel, Reihe ..
Wir sind der Kinder dreie..
Wir sitzen unterm Hollerbusch..
Und machen alle husch husch husch.

Dabei halten die Kinder sich an den Händen und drehen sich im Kreis. Der Reim wird mehrmals wiederholt und am Ende kauern sich alle Mitspieler nieder oder verstecken sich.

Wissenswertes über Botanik und Pflanzengeschichte des Holunders

Botanisch gehört der Holunder zur Familie der Geißblattgewächse (aprilfiliaceace). Der lateinische Gattungsname lautet Sambucus. In den gemäßigten und subtropischen Gebieten der Erde werden von der Gattung Sambucus ca. 40 Arten gezählt.

In unseren Breiten hat der schwarze Holunder (sambucus niger) die größte Bedeutung. Neben ihm sind uns noch der Zwergholunder, sowie der rote Holunder bekannt.

Ausgewachsen erreicht der schwarze Holunder eine Höhe von 3-9 Metern. Das Lebensalter wilder Holunderbüsche kann die 100 Jahre überschreiten. Beim Kulturholunder beträgt die Lebenserwartung der Büsche aufgrund der höheren Ernten und des Zurückschneidens ca. 15-20 Jahre.
Im Allgemeinen gilt er als frohwüchsig und flachwurzelnd. Seine Rinde ist rauh bis warzig. Auffällig sind bei ihr zahlreiche graue Punkte,

sogenannte Lentizellen, die dem Luftaustausch dienen.

Die Blätter sind gegenständig aufgebaut und unpaarig gefiedert, wobei das Endblatt das größte ist. Die Blätter sind glanzlos, dünn, scharf gezackt, leicht behaart und sitzen sehr fest.

Die Blüten strömen einen starken Duft aus und heben sich durch aufwärtsgerichtete, doldenartige Blütenstände, sogenannte Trugdolen, hervor. Sie sind gelblich/weiß und zeichnen sich durch einen leicht süßlichen Geschmack aus. Alle Trugdolden haben fünf Hauptstände, fünf Kronenblätter umschließen fünf Staubblätter und den unterständig angeordneten Fruchtknoten, aus dem sich im Laufe des Sommers die Beeren entwickeln.

Die Blütezeit des schwarzen Holunders ist von Juni bis Juli und damit auch nicht mehr spätfrostgefährdet. Trotz des eindringlichen Duftes werden die Blüten wenig von Insekten besucht.

Der Holunder ist ein Selbstbefruchter. Je nach Sorte und Standort beginnt die Fruchtreife im August und dauert bis teilweise Ende September. Die kleinen Fruchtbeeren enthalten drei Samenkörner, damit gilt der Holunder auch als Steinfrucht. Er ist in fast ganz Europa, in den Alpen bis ca. 1600 m Höhe, zu finden.

Die Kultivierung des Holunders weitet sich immer weiter aus. Neben Dänemark und Deutschland gilt Österreich mit einer Anbaufläche von 1100 ha in 1997 als das Hauptanbauland für schwarzen Holunder.

Im Volksmund gibt es für den schwarzen Holunder die verschiedensten Namen, wie **„Keilkebeere"** oder **„Kelke"**, so bezeichnet man ihn auch wegen seiner heilenden Wirkung bei Koliken.
Mit den Namen **„Holler"** und **„Baum der Holla"** wird der Bezug der germanischen Fruchtbarkeitsgöttin Freya hergestellt.
Wegen des Duftes der Blüten und ihrer Form kommt es zu der Bezeichnung **Fliederbusch** und **Fliederbeeren.**

In manchen Landstrichen heißt er auch **Markbaum** wegen seines weichen, weißen Markes.

Es ist bekannt, dass Holunder in der Antike zum Schwarzfärben der Haare benutzt wurde. Heute nehmen die Farbstoffe des Holunders in der Industrie einen enorm hohen Stellenwert ein.

Der rote Holunder (Sambucus racemosa) wächst im Gegensatz zum schwarzen Holunder gern fernab menschlicher Siedlungen in unberührter Natur. Seine Beeren lassen sich sowohl zu Saft, als auch zu Gelee verarbeiten. Aber Achtung: in keinem Fall dürfen die Kerne mitgegessen werden. Die Fruchtmasse sollte immer durch ein Sieb passiert werden.

Der Zwergholunder, auch Attich genannt, erweckt durch seinen niedrigen Wuchs eher den Eindruck eines Staudengewächses. Die Beeren sind ungenießbar und haben einen eigenwilligen Geruch.

Tipps zur Ernte und Bevorratung

Holunderblätter werden vor der Blütezeit geerntet, dann haben sie die meiste Kraft. Sie können zum Trocknen aufgehängt werden. Wenn sie „rascheln“, dann sind sie gut und müssen luftdicht aufbewahrt werden.

Holunderblüten können von Mai bis Juli gesammelt werden. Auch sie können kopfüber zum Trocknen aufgehängt werden. Anschließend kann man die Blüten von den Stielen befreien. Gut verschlossen in einem Gefäß und trocken aufbewahrt halten sich die Blüten bis zur nächsten Saison.
Die Blüten können auch schockgefroren werden. Dazu legt man sie einzeln auf ein Backblech aus. Wenn sie gefroren sind, kann man die Blüten einfach von den Stielen „abbrechen“ und verpacken.

Holunderrinde, die grüne Innenseite des Holunderstrauches, kann im Frühjahr und im Herbst entnommen werden.

Der gleiche Zeitpunkt gilt auch für die Ernte der **Holunderwurzel**. Die muss allerdings vor dem Trocknen noch gereinigt und zerkleinert werden.

Die **Holunderbeeren** sind vollreif zu pflücken. Das erkennt man an der ausgesprochen dunklen Farbe der Beeren. Sie müssen gereinigt werden und von den Stielen befreit werden. Dann können sie frisch verarbeitet werden. Auch einfrieren empfiehlt sich. **Trocknen** kann man Beeren bei 45° im Backofen. Die Backofentür sollte dabei einen Spalt geöffnet sein.

Die unreifen Beeren wie auch die reifen Früchte, Rinde und Blätter enthalten Sambunigrin. Das ist ein Glykosid, das in der Lage ist, Blausäure zu entwickeln. Es kann Verdauungsstörungen, Übelkeit und Erbrechen hervorrufen. Durch Erhitzen wird dieser Wirkstoff jedoch abgebaut. Daher: **Holunder nicht in rohem Zustand essen!**

Weiterverarbeitet sind Blüten und Beeren ein Hochgenuss. Viele Beispiele finden Sie im anschließenden Rezeptteil!

Die kleine Hausapotheke

Holunder und seine Wirkstoffe

Die Blüten

Wirkstoffe	Eigenschaften
Ätherische Öle	abwehrstärkend
Eisen	auswurffördernd
Flavonoide	beruhigend
Glykoiside	blutreinigend
Hyperosid	entkrampfend
Isoquercitrin	harntreibend
Kupfer	hustenstillend
Organische Säuren	schleimlösend
Pflanzenschleim	schweißtreibend
Rutin	stoffwechselanregend
Sambunigrin	vorbeugend
Saponine	Wärme
Selen	

Es kann zur Anwendung kommen bei:

Angina, Erkältung, Grippe, Husten, Infektionskrankheiten, Krebstherapie, Luftröhrenkatarrh, Lungenentzündung, Ohrenschmerzen, Verbrennungen, Zahnschmerzen, und Halsschmerzen.

Die Beeren

Wirkstoffe	Eigenschaften
Amygdalin	abführend
Farbstoff	abwehrstärkend
Bitterstoff	blutbildend
Cholin	blutreinigend
Natrium	harntreibend
Org. Säuren	stopfend
Pentosan	vorgbeugend
Tyrosin	
Vitamin A,B,C,J	
Kalium	
Kalzium	
Magnesium	
Sambunigrin	
Phosphor	
Aminosäuren	

Es kann zur Anwendung kommen bei:

Abwehrschwäche, Blasenleiden, Blutreiniging, Bronchitis, Diabetes, Gürtelrose, Infektionskrankheiten, Krampfadern, Nervenschmerzen, Verdauungsstörungen

Anwendung getrockneter Beeren:

Gicht, Infektionskrankheiten, Rheuma, Stuhlverstopfung, Verdauungsstörungen.

Die Blätter

Wirkstoffe	Eigenschaften
Glykosid Sam- bunigrin- Amgdalin, Emulsion, welches in Bittermandelöl Blausäure und und Glykose gespalten wird.	abführend harntreibend hautreinigend schmerzlindernd wassertreibend

Es kann zur Anwendung der Blätter kommen bei:

Blutreinigung, Geschwüren, Gicht, Hautunreinheiten, Magen-Darmstörungen, Nierenerkrankung, Rheuma, Wassersucht.

Die Rinde

Wirkstoffe	Anwendung	Eigenschaften
Alkaoide		adstringierend
Gerbstoffe		entgiftend
Harz		entschlackend
		harntreibend

Es kann zur Anwendung der Rinde kommen bei:
Gicht, Rheuma, Harnbeschwerden, äußerliche Verbrennungen, Wassersucht, Wundbehandlung äußerlich, Magen-Darmstörungen.

Die Wurzel

Wirkstoffe	Eigenschaften
Ätherische Öle	abführend
Bitterstoffe	harntreibend
Gerbstoffe	
Zucker	
Bitterstoffe	

Es kann zur Anwendung der Wurzel kommen bei:

Harnbeschwerden, Nierenerkrankungen.

Holunder im Vergleich

Mit dem Stichwort „biologische Wertigkeit“ ist ein Maß gemeint, mit wie viel Aufwand und bis zu welchem Grad der menschliche Körper fremdes Eiweiß aufschlüsseln, bzw. verwerten kann.
Gemeint sind die sogenannten Proteine.
Als Vergleichsbasis dient das Hühnerei. Je höher die Wertigkeit, desto mehr hat dann der Körper davon. Das Ei wird mit 1,0 zugrunde gelegt.

	Holunder	Hühnerei	sonstige
Eiweiß	0,94	1,0	0,32 weiße Bohnen
Aminosäure	2,03	1,0	0,1 roter Traubensaft

Holundersaft und Apfelsaft im Vergleich

In mg pro Liter	Holundersaft	Apfelsaft
Vitamin C	260	14
Fruchtsäure	10	7
Gerbstoffe	14	4

Mineral-Stoffe in mg/kg	Hol.-Blüten	Hol.-Beeren	Milch	Apfel	schwarze Johannisbeere
Kalium	6617	3429	1570	144	3100
Calcium	1315	332	1200	71	460
Magnesium	902	357	120	64	170
Phosphor	1128	742	920	120	400
Zink	14,2	7,8	3,8	1,2	1,8
Kupfer	3,2	2,2	0,1	1,0	1,1

Diese Gegenüberstellungen sollen den Wert der zum Vergleich genannten Produkte auf gar keinen Fall schmälern, aber auf der anderen Seite auch unbedingt auf den hohen Wert des Holunders aufmerksam machen.

Und immer gilt auch hier:
"An apple a day, keeps the doctor away!"

Man kann aber auch mit Fug und Recht behaupten:
„Holunder everyday, keeps the doctor away! "

Mit Holunder „gesundkuren“

Sind Sie gestresst, fühlen sich matt, sind nervös und neigen zu Erkältungssymtomen? Machen Sie eine **Kur mit Holundersaft!** Dazu trinken Sie 2mal am Tag ein Glas Holundersaft, möglichst ungesüßt und unverdünnt. Das sollte mindestens einen Monat so gehandhabt werden und einmal vor dem Winter und einmal nach dem Winter durchgeführt werden. Sie werden feststellen, dass Sie sich einfach wohler fühlen und wieder kraftvoller Ihren Tag bewältigen können. Außerdem „reinigen“ Sie so Ihren Organismus und bringen Ihr körpereigenes Abwehrsystem in Schwung.

Entschlacken mit Holunder können Sie zu jeder Jahreszeit. Hierzu kann ein Tee aus den Blättern zubereitet werden. Davon morgens und abends eine Tasse trinken. Noch wirkungsvoller ist ein Tee aus frischen Blättern. Hierzu werden 7 Blätter pro Tasse zerhackt, mit kochendem Wasser übergossen, 10 Minuten ziehen gelassen und abgeseiht. Man trinkt den Tee ungesüßt, kann aber mit etwas Honig abmildern. Achtung: Es dauert 4-6 Wochen, bis der Körper entschlackt ist!

Bei Hautunreinheiten und Akne

Hier kann ein Aufguss mit 2 Tl. Holunderblüten und 1 Tasse Wasser empfohlen werden. Mit diesem Aufguss führt man immer morgens eine Waschung durch. Auch das Trinken von Holunderblütentee 1-2mal täglich gleichzeitig mit der Anwendung von Waschungen führt unbedingt zu einem guten Ergebnis.
Auf gar keinen Fall dürfen, das ist absolut tabu, eitrige Mitesser ausgedrückt werden.

Vorbeugemaßnahmen gegen Erkältung, andere Infekte und Allergien

Holundersamenöl ist noch weitgehend unbekannt aber schon vereinzelt im Handel erhältlich. Ausschau halten sollte man danach in Bioläden, Reformhäusern oder auch im

Handel für Naturkosmetik. Das Holundersamenöl wirkt stimulierend auf Zellmembranen und Blutgefäße und stärkt die Widerstandskraft gegen Infekte, Allergien und krebserregende Stoffe. Zu Empfehlen ist auch hier eine regelmäßige Einnahme oder Anwendung über mehrere Wochen!

Heiltees mit Holunder

Ein Wort dazu

Die Anwendung von Heiltees kann auf gar keinen Fall den Gang zum Arzt ersetzen.

Meist können Tees auch und gerade ergänzend zu einer mit dem Arzt abgestimmten Therapie angewendet werden. Ein optimalerer Behandlungserfolg ist so oft möglich.

Trocken aufbewahrt können die Tees von einer Sammelsaison zur nächsten aufbewahrt werden.

Die meisten Zutaten sind in der Apotheke erhältlich, oder können dort bestellt werden, sofern Sie Ihnen nicht selbst zur Verfügung stehen.

Tee zur Blutreinigung

Anwendung bei körperlichen Schwächezuständen. Kann die körpereigene Abwehrkraft wieder herstellen. Auch bei zu hohen Blutfettwerten oder Durchblutungsstörungen können Reinigungskuren mit Holundertee wirksam helfen. Leistungsfähigkeit und Konzentration werden gestärkt, besonders auch nach schweren Krankheiten.

<u>Rezept 1:</u> 20 g Brennesselkraut, 25 g Holunderblüten, 25 g Schlehendornblüten, 45 g Birkenblätter.
Von 1 Tl. der Mischung eine Tasse Tee kochen. 10 Minuten ziehen lassen. Davon 2mal täglich eine Tasse trinken.

<u>Rezept 2:</u> 15 g Fenchelsamen, 15 g Kamillenblüten, 20 g Lindenblüten, 20 g Melissenblätter, 25 g Holunderblüten, 35 g Pfefferminz. 1 Tl. der Mischung auf eine Tasse Tee. 10 Minuten ziehen lassen. 3mal täglich eine Tasse trinken.

Rezept 3: 25 g Bitterklee, 25 g Holunderblüten, 25 g Brunnenkresse, 25 g Löwenzahnwurzel, 25 g Schafgarbe, 25 g Sennesblätter, 25 g Schlehenblüten.

1 Tl. der Mischung auf eine Tasse Tee kochen und 10 Minuten ziehen lassen. Davon 1mal morgens und 1mal abends eine Tasse trinken.

Rezept 4: 55 g Faulbaumrinde, 25 g Bohnenschalen, 25 g Pfefferminze, 15 g Süßholz, 10 g Holunderblüten, 10 g Walnussblätter.

1 Tl. der Mischung auf eine Tasse Tee kochen und 10 Minuten ziehen lassen. Davon morgens und abends jeweils 1 Tasse trinken.

Tee bei Grippe oder grippalem Infekt

Die meisten Tees wirken schweißtreibend, schmerzlindernd und stärken dabei auch noch das Immunsystem. Typische Krankheitsbilder wie Mattigkeit, Kopfschmerzen, Gliederschmerzen, Schnupfen, Husten und Halsschmerzen werden angezeigt.

<u>Rezept 1:</u> 20 g Holunderblätter, 25 g Angelikawurzel, 25 g Kamille, 20 g Lindenblüten, 20 g Wollblume, 30 g Johanniskraut, 25 g Weidenblüten, 30 g Aniswurzel, 20 g Knoblauch.

Auf ¼ Liter Wasser einen Teelöffel von der Mischung kochen, 10 Minuten ziehen lassen. 2mal täglich 1 Tasse trinken.

<u>Rezept 2:</u> 50 g Huflattich, 45 g Holunderblüten, 45 g Löwenzahnwurzel, 25 g Lindenblüten, 25 g Spitzwegerich.
Auf ¼ Liter Wasser einen Esslöffel von der Mischung kochen. 3mal täglich 1 Tasse trinken.

Rezept 3: 25 g Fichtennadeln, 45 g Holunderwurzeln, 25 g Thymian, 45 g Ysop.

Auf eine Tasse Wasser 1 Esslöffel Tee kochen und 10 Minuten ziehen lassen. Davon 3mal täglich 1 Tasse trinken.

Wenn zusätzlich Fieber auftritt

Rezept 1: 30 g Stechpalme, 20 g Eisenkraut, 30 g Holunderblätter, 20 g Veilchenblätter, 15 g Rosmarinblüten.

Auf 1 Tasse Wasser 1 Teelöffel von der Mischung kochen, 10 Minuten ziehen lassen. 2-3mal täglich eine Tasse trinken.

Rezept 2: 5 g Chinarinde, 20 g Holunderblüte, 20 g Kardobenediktenkraut, 25 g Lindenblüten, 15 g Pfefferminze, 20 g Veilchenblätter, 15 g Wacholderbeeren.

Auf ¼ l Wasser 2 Esslöffel, aufkochen, 10 Minuten ziehen lassen. Davon täglich ¼ - ½ l trinken.

Rezept 3: 25 g Holunderblüten, 20 g Pestwurz, 30 g Bibernelle, 20 g Meisterwurz, 25 g Lindenblüten.

Auf 1 Liter Wasser 3-4 Essl. von der Mischung geben und einen Tee zubereiten. Auf den Tag verteilt trinken. Den ersten halben Liter möglichst heiß trinken.

Rezept 4: 25 g Schafgarbe, 30 g Lindenblüten, 25 g Holunderblüten, 20 g Angelikawurzel, 15 g Bitterklee.

Auf 1 Liter Wasser 3-4 Essl. von der Mischung geben und einen Tee zubereiten. Auf den Tag verteilt trinken. Den ersten halben Liter möglichst heiß trinken.

Bei allgemeinen Beschwerden im Hals, bei Heiserkeit, schmerzhaften Schwellungen und Entzündungen.

Rezept 1: 15 g Anis, 20 g Kamille, 15 g Holunderblüten, 40 g Königskerze, 20 g Eibisch.

Auf ½ Liter Wasser 3 Teelöffel der Mischung geben, Tee zubereiten, 1mal täglich 1 Tasse trinken. Mehrmals täglich mit dem restlichen Tee gurgeln.

Rezept 2: 20 g Malvenblätter, 25 g Holunderbeeren, 25 g Salbei.

Auf ½ Liter Wasser 3 Teelöffel der Mischung geben, Tee zubereiten und ziehen lassen. 3-4mal täglich mit dem Tee gurgeln.

Bei Mandelentzündung

<u>Rezept 1:</u> 20 g Holunderblüten, 20 g Salbei, 20 g Bockshornklee, 25 g Schlüsselblumenblüten.

Mit 1 Tasse Wasser und 1 Teelöffel der Mischung einen Tee zubereiten. Mehrmals täglich mit der Lösung gurgeln.

Bei Husten und Bronchitis

<u>Rezept 1:</u> 25 g Malve, 20 g Lavendel, 25 g Isländisch Moos, 25 g Augentrost, 25 g Holunderbeeren, 20 g Breitwegerich, 20 g Schafgarbe.

1 Essl. der Mischung mit ¼ l Wasser über Nacht ansetzen.
Morgens mit 2 Esslöffeln Honig aufkochen. 10 Minuten ziehen lassen, 3mal täglich 1 Tasse davon trinken.

Rezept 2: 20 g Holunderbeeren, 25 g Wegerich, 20 g Edelkastanie, 15 g Sonnentau, 20 g Quendel.

Auf ¼ Liter Wasser 1 Essl. der Mischung geben und einen Tee zubereiten. 15 Minuten ziehen lassen, abseihen und schluckweise trinken.

Rezept 3: 35 g Holunderbeeren, 30 g Thymian, 35 g Eibisch, 15 g Salbei, 15 g Anis, 25 g Schlüsselblume.
1 Teelöffel der Mischung auf eine Tasse Wasser geben, Tee zubereiten und 10 Minuten ziehen lassen. 1mal täglich eine Tasse schluckweise trinken.

Rezept 4: 25 g Holunderbeeren, 20 g Sonnentau, 30 g Spitzwegerich, 25 g Veilchen.

1 Teelöffel der Mischung auf 1 Tasse Wasser geben, Tee zubereiten und ziehen lassen, 2mal täglich eine Tasse von dem Tee trinken.

Schnupfen

Anwendung bei hartnäckigem, lang anhaltendem Schnupfen. Der Tee sollte über längere Zeit eingenommen werden.

Rezept: 20 g Seifenkraut, 20 g Katzenschwanz, 15 g Holunderblüten, 20 g Meisterwurz, 45 g Ehrenpreis.

Auf ½ Liter Wasser 2 Esslöffel von der Mischung geben, aufkochen, ziehen lassen, abseihen. Tagsüber schluckweise trinken.

Bei Beschwerden in den Wechseljahren

Häufige Erschöpfungszustände, Schlafstörungen, Schweißausbrüche und Kreislaufstörungen.

Rezept: 20 g Süßholz, 20 g Bohnenschale, 2 g Ringelblume, 2 g Malve, 3 g Bruchkraut, 2 g Sandsegge, 15 g Sennesblätter, 15 g Faulbaumrinde, 5 g Anis, 10 g Stiefmütterchen, 15 g Guajakholz, 10 g Holunderblüten, 10 g Sandelholz.
1 Tl auf eine Tasse kochen. 3x täglich trinken.

Herz- und Kreislaufbeschwerden

Hierbei ist eine längere Anwendung empfohlen.

<u>Rezept:</u> 25 g Holunderblüten, 25 g Rosmarinblätter, 25 g Pfefferminze, 25 g Melissenblätter, 15 g Mentha arvensis, 15 g Aegle marmelos.
Auf 1 Tasse Wasser 1 Teelöffel der Mischung geben und zubereiten. 1mal morgens und 1mal abends trinken.

Gicht und Rheumaerscheinungen

Den Tee über längere Zeit einnehmen.

<u>Rezept 1:</u> 25 g Schachtelhalm, 25 g Birkenblätter, 15 g Holunderblätter, 10 g Bittersüß, 20 g Geißbart, 25 g Weide.

<u>Rezept 2:</u> 15 g Faulbaum, 15 g Süßholz, 10 g Hauhechel, 10 g Sennes, 15 g Holunderblätter, 10 g Wacholder, 25 g Bittersüß.
Bei beiden Rezepten 1 Tl. der Mischung auf eine Tasse Wasser geben. Zubereiten und 3-4mal täglich trinken.

Hexenschuss/Schmerzhafte Krämpfe

Rezept 1: 35 g Tausendguldenkraut, 40 g Johanniskraut, 30 g Holunderblüten, 20 g Ginster, 20 g Waldmeister, 30 g Acalypha indica.

Rezept 2: 40 g Holunderblüten, 30 g Lindenblüten, 30 g Weidenrinde, 20 g Schachtelhalm, 30 g Ginster, 30 g Celastrum paniculata.

Rezept 3: 30 g Angelikawurzel, 30 g Holunderblüten, 30 g Lindenblüten, 35 g Frauenmantel, 30 g Anstonia scholaris.

Alle 3 Rezepte werden folgendermaßen zubereitet:
1 Teelöffel von der Mischung auf eine Tasse Wasser geben, kochen, 10 Minuten ziehen lassen, abseihen. 3-4mal täglich trinken.

Entzündungen im Augenbereich

__Rezept:__ 35 g Holunderblüten, 20 g Eibisch, 20 g Fenchel, 25 g Frauenmantel, 25 g Storchenschnabel.

Auf ¼ Liter Wasser 2 Teelöffel von der Mischung geben und den Tee zubereiten. Mehrmals täglich Augenbäder vornehmen.

Bei geschwollenen Augenlidern

__Rezept:__ 30 g Lindenblüten, 30 g Holunderblätter.

Auf eine Tasse Wasser 1 Teelöffel der Mischung geben und zubereiten. Mehrmals täglich Augenbäder vornehmen.

Kopfschmerzen, verursacht durch äußere Einflüsse

Rezept: 15 g Enzian, 30 g Eisenkraut, 25 g Holunderblätter, 25 g Sauerampfer, 25 g Schlüsselblume.

Auf eine Tasse Wasser 1 Esslöffel der Mischung geben, zubereiten, 10 Minuten ziehen lasen, abseihen und 2-3mal täglich eine Tasse trinken.

Stoffwechselstörungen

Rezept 1: 25 g Holunderblätter, 25 g Zinnkraut, 25 g Brennesselblätter, 20 g Kalmus.

Auf eine Tasse Wasser 1 Teelöffel der Mischung geben, zubereiten, ziehen lassen, abseihen und 3mal täglich trinken.

Rezept 2: 15 g Kümmel, 35 g Zwiebel, 15 g Holunderblätter, 25 g Petersilie, 30 g Wacholder.

Auf ½ Liter Wasser 1 Essl. der Mischung geben, zubereiten. 2-3mal täglich 1 Tasse davon trinken.

Blähungen

Rezept 1: 25 g Pfefferminze, 25 g Holunderblätter, 20 g Fenchel, 20 g Kümmel, 20 g Anis, 20 g Schlehdorn.

Auf 1 Tasse Wasser 1 Teelöffel der Mischung geben, zubereiten, abseihen. 2-3mal täglich trinken.

Rezept 2: 1 g Fenchel, 1 g Anis, 1 g Holunderblüten, 1 g Sennesblätter.

Diese Mischung und Menge auf ¼ Liter Wasser kochen, 2 Stunden ziehen lassen. 3mal täglich vor den Mahlzeiten trinken.

Holunderküche

Holundermuttersaft selber herstellen

Zubereitung im Dampfentsafter
2 kg Holunderbeeren (geputzt gewogen), 400 g Zucker.

Die reifen Beeren waschen, verlesen, von den Stielen abstreifen und mit dem Zucker in den Fruchtkorb des Entsafters geben. 1 Stunde dämpfen. Dann sofort in vorbereitete Flaschen füllen und verschließen.

Zubereitung im Topf
2 kg Holunderbeeren, 400 g Zucker.

Verfahren wie oben und alles zusammen mit 0,5 l Wasser in einen Topf geben. 30 Minuten leicht köcheln lassen. Durch ein Tuch ausgiebig abtropfen lassen und ausdrücken. Abfüllen und verschließen.

Tipp: Die Stiele können auch mit einer Schere abgeschnitten werden. Geht auch!
Tipp: Bevorraten Sie sich auch immer mit etwas ungesüßtem Saft zur Weiterverarbeitung!

Verwendete Abkürzungen

Teelöffel : Tl.
Esslöffel : Essl.
Gramm : g
Kilogramm : kg
Messerspitze : Msp.
Milliliter : ml
Liter : l

Temperaturtabelle für Backöfen

Alle Temperaturangaben im Buch beziehen sich auf Ober- und Unterhitze. Hier eine kleine Tabelle zur Verwendung von Umluft:

150° OBU = 140° Umluft
160° OBU = 145° Umluft
170° OBU = 155° Umluft
175° OBU = 160° Umluft
180° OBU = 165° Umluft
190° OBU = 170° Umluft
200° OBU = 180° Umluft
225° OBU = 200 ° Umluft
250° OBU = 220 ° Umluft

Temperaturen bei Gasöfen müssen den Herstellerangaben entnommen werden!

Zu den Rezepten

Für alle Rezepte gilt grundsätzlich:
Die Mengenangaben beziehen sich immer auf 4 Personen. Sind sie für mehr oder auch weniger Personen gedacht, steht es jeweils dabei.

Bevorraten Sie sich mit Saft der Beeren und den Blüten zur Saison. Entsprechende Anleitungen finden sie unter: Tipps zur Ernte und Bevorratung.

Bedenken Sie: Beeren und Blüten können auch eingefroren werden, wenn es einmal schnell gehen muss. Sie lassen sich auch später noch problemlos weiterverarbeiten.

Getrocknete Zutaten können in der Apotheke direkt bezogen oder auch bestellt werden, wenn es einmal mit dem Trocknen nicht geklappt hat.

Und nun wünsche ich viel Spaß in der Holunderküche!

Fit für den Tag

Holunder-Flocken-Mix (1 Glas)

1/4 l Holundermuttersaft, 2 Essl. Honig, 2 Essl. Vollkornhaferflocken, 1 Scheibe Zitrone.

In einem Glas den Saft mit dem Honig verrühren, bis er sich aufgelöst hat. Die Haferflocken dazumischen und mit der Zitronenscheibe garniert anreichen.

Holunderdrink (1 Glas)

150 ml Kefir, 100 ml Holundersaft, 1 Essl. Zitronensaft, 1 Essl. flüssiger Honig.

Den Honig mit dem Zitronensaft mischen. Kefir und Holundersaft zugeben und in ein Glas geben.

Tipp: Im Sommer schmeckt es am Besten gut gekühlt!

Kalter Holundertrunk
(für 1 Glas)

200 ml ungesüßter Holundersaft, 3 Minzeblätter, etwas Zitronenschale einer unbehandelten Zitrone, Zucker oder Honig nach Geschmack, gestoßenes Eis.

Die Minzeblätter fein hacken. Holundersaft, Zitronenschale und Minzeblätter mischen und mindestens eine Stunde in den Kühlschrank stellen.

Abseihen und mit Zucker oder Honig nach Geschmack mischen. In ein Glas mit gestoßenem Eis geben und servieren.

Tipp: Die Vorbereitung am Abend vorher ist auch möglich!

Buttermilchdrink (1 Glas)

200 ml Buttermilch, 50 ml Holunderblütensirup, ½ Limette, 1 Essl. Instanthaferflocken.

Limette auspressen. Von der Schale einen Ring abschneiden. In einem Gefäß Buttermilch, Holunderblütensirup und Limettensaft mit den Instanthaferflocken vermischen und etwas durchkühlen lassen. In ein Glas geben und mit dem Limettenring dekorieren.

Holunderjoghurt (1 Portion)

1 Becher Naturjoghurt, 1 Essl. Holundermus, 1 Essl. Holunderblütensirup.

Zum Servieren alle Zutaten gut verrühren.

Varianten: Auch 1 Essl. Körner oder Müsli passen gut dazu!

Erdbeer-Holunder-Drink

½ Banane, 1 Essl. Zitronensaft, 50 ml Holundersaft, 75 g Erdbeeren, 200 ml Milch, 1 Essl. Instanthaferflocken.

Banane schälen und grob zerstückeln. Erdbeeren waschen und entstielen. Banane, Erdbeeren, Zitronensaft, Holundersaft, Milch in einen Mixer geben und gut pürieren. Haferflocken unterziehen und servieren.

Tipp: Es können auch TK-Erdbeeren verwendet werden!

Haferflocken-Mohngrütze (1 Person)

4 Essl. Haferflocken, 1 Essl. gemahlener Mohn, 100 ml Milch, 1 Tl. Honig, 1 kleine Banane, 4 Essl. Holundermuttersaft, 1 Essl. Zitronensaft, 2 Essl. geschlagene Sahne.

Die Milch erwärmen und die Haferflocken unter ständigem Rühren zufügen. 3 Minuten auf der Herdplatte belassen, den Honig und den Mohn unterziehen und vom Herd nehmen.
Die Banane in Stücke schneiden und zusammen mit dem Holundersaft pürieren. Die Sahne unter die Grütze ziehen. Die Grütze auf einen Teller geben und eine Vertiefung in der Mitte bilden. Das Bananen-Holunder-Mus in die Mitte geben und sofort servieren.

Ein guter Start für ein Frühstück am Morgen!

Tipp: Statt Holundersaft kann auch Holundermus verwendet werden.

Gebackene Milchreispuffer

Für die Puffer: 600 ml Milch, 200 g Milchreis, 4 Essl. brauner Zucker, Zitronensaft, 2 Äpfel, 1 Ei, 1 Prise Salz, Fett zum Ausbacken.
Für das Kompott: 250 g Holunderbeeren, 100 g Pflaumen, 1 kleiner Apfel, 2 Tl. Stärke, brauner Zucker, 1 Essl. Zitronensaft.

Die Milch mit Milchreis, Salz und Zucker erwärmen. Unter ständigem Rühren 10 Minuten leicht köcheln lassen. Die Platte ausstellen, den Topf abdecken und noch 20 Minuten quellen lassen. Ab und zu umrühren. Die Äpfel waschen, schälen, raspeln und mit Zitronensaft vermischen. Das Ei verquirlen. Apfelraspel und Ei unter den Milchreis mischen. Alles auskühlen lassen. Für das Kompott die Holunderbeeren waschen, verlesen und von den Stielen zupfen. Pflaumen entsteinen und vierteln. Apfel schälen, raspeln und mit Zitronensaft mischen. Alles mit Zucker und 150 ml Wasser in einen Topf geben und 10 Minuten köcheln. Mit Stärke abbinden. Fett in eine Pfanne geben, Puffer ausbacken und mit Kompott servieren.

Sirup- und Saftvariationen

Winterscher Holunderblütensirup

20 Holunderblütendolden, 2 unbehandelte Zitronen, 1,5 kg Zucker, 50 g Zitronensäure, 1,5 l Wasser.

Die Zitronen in Scheiben schneiden und in ein Steingutgefäß geben. Blüten, Zucker und Zitronensäure zufügen. Wasser zum Kochen bringen und verrühren. Zugedeckt an einem kühlen Ort 3 Tage ziehen lassen. Alles absieben, erhitzen und in vorbereitete Flaschen geben und sofort verschließen.

Verarbeitungstipp: Der Sirup kann auch eingefroren werden. Dann entfällt das erhitzen.

Verwendungstipps:
-mit gekühlter Selter ein erfrischendes Getränk.
-mit heißem Wasser bei Erkältungen.
-als Beigabe zum Tee und Obstsalaten.

Mischungsverhältnis bei Getränken 1:4

5 Tage Sirup

30 Holunderblüten, 3 l Wasser, 40 g Weinsteinsäure, 3 kg Zucker, 5 unbehandelte Zitronen.

Zitronen in Scheiben schneiden. Holunderblüten und Zitronen, sowie Weinsteinsäure in einen Steinguttopf geben. Das Wasser zum Kochen bringen, zugeben und alles gut vermischen.
3 Tage stehen lassen. Dabei oft umrühren.
Den Saft durch ein Tuch passieren. Zu dem Saft den Zucker geben und alles nochmals 2 Tage stehen lassen. Dabei gelegentlich umrühren.
Alles in vorbereitete Flaschen geben und verschließen.

Verwendungstipp:
-Als Mischgetränk im Verhältnis 1:4
-Als Soße zu Nachtisch und mehr

Gourmetsirup

3 unbehandelte Zitronen, 15 Holunderblütendolden, 1,5 l Wasser, ¼ l Apfelessig, 1,5 kg Einmachzucker.

Die Zitronen in dünne Scheiben schneiden. Von den Dolden die grünen Stiele so weit, wie möglich mit einer Schere abschneiden. Zitronen mit Dolden im Wechsel in einer Schüssel einschichten. Das Wasser zum Kochen bringen und darüber gießen. Abdecken und 6 Tage an einem kühlen Ort stehen lassen. Durch ein Tuch abseihen und den Saft mit Zucker und Essig 5 Minuten kochen. Alles in vorbereitete Flaschen geben und verschließen.

Dieser Sirup hat eine interessante Note!

Verwendungstipp: Für Desserts, Sorbets.

Seltersaft

1 kg vollreife Holunderbeeren, 150 g Zucker, 400 ml Mineralwasser.

Von den Beeren den Stiel entfernen und die Beeren mit Zucker und Wasser in einen Topf geben. Alles vorsichtig zum Köcheln bringen. Nach 10 Minuten alles durch ein Tuch drücken. Noch heiß in vorbereitete Flaschen geben und sofort verschließen.

Verarbeitungstipp: Es ist sehr schwierig, da er sehr heiß ist, den Fruchtsaft durch das Tuch zu seihen. Es geht auch so: In ein Sieb ein Tuch legen, Mus hinzugeben und abtropfen lassen. Wenn es erkaltet ist, den Rest ausdrücken. Dann in vorbereitete Flaschen geben und 30 Minuten bei 98° im Wecktopf einwecken.

Blauer Sirup

1 kg Fliederbeeren, 1 kg Zucker, ½ l Wasser, 3 Essl. Zitronensaft.

Fliederbeeren mit ½ kg Zucker und Wasser zum Kochen bringen und 10 Minuten köcheln lassen. Im Anschluss durch ein Sieb passieren. Den Saft in einen Topf geben und mit dem Zitronensaft und dem restlichem Zucker vermengen. 20 Minuten bei kleiner Temperatur köcheln lassen. In vorbereitete Flaschen füllen und verschliessen.

Tipp: Zum Beispiel -zum Dessert, -als Mischgetränk.

Holundersirup

1 kg Fliederbeeren, 1 l Wasser, 1 kg Birnendicksaft, 4 Essl. Zitronensaft.

Fliederbeeren mit Wasser aufkochen und 1 Stunde stehen lassen. Durch ein Haarsieb abseihen und mit Birnensaft und Zitrone mischen. 10 Minuten einkochen und abfüllen.

Kräutertrunk

30 Holunderblütendolden, 6 Stengel frische Pfefferminze, 4 Stängel frische Zitronenmelisse, 1 unbehandelte Zitrone, 2 kg Kandiszucker, 50 g Zitronensäure, 5 Liter Wasser.

Den Stiel von den Holunderblütendolden entfernen. Kräuter waschen, trockentupfen und die Blätter abzupfen. Zitrone waschen und in dünne Scheiben schneiden.

Kräuter, Holunderblüten, Zitronenscheiben, Kandis, Zitronensäure und Wasser vermischen. In einem großen Gefäß an einem kühlen Ort abgedeckt 3 Tage stehen lassen und dabei immer wieder umrühren.

Den Ansatz abseihen und in vorbereitete Flaschen füllen.

Diese Limonade wird verdünnt getrunken.

Tipp: Aus dem unverdünnten Ansatz Eiswürfel herstellen. Lecker zu Selter und Mixgetränken!

Süße Suppenschüssel

Bisquitsuppe

2 Äpfel, 6 Essl. Zucker, 150 ml Rotwein, 350 g Fliederbeeren (geputzt gewogen), Saft von 1 Zitrone, Zucker, 12-14 Löffelbisquits.

Die Äpfel schälen, entkernen und in kleine Stücke schneiden. Fliederbeeren mit Zucker, Rotwein, Apfelstücken und Zitronensaft weichdünsten. Sollte die Suppe zu breiig sein, dann noch etwas Wasser zufügen. Abkühlen lassen. Die Löffelbisquits jeweils vierteln und in die Suppe geben. Evtl. noch mit zusätzlichem Zucker abschmecken.

Tipp: Es schmeckt auch gut, die Suppe mit etwas Zimt abzuschmecken!

Holundersuppe mit Sago

375 g Holunderbeeren, 1 l Wasser, Saft von einer halben unbehandelten Zitrone, 2 Scheiben Zitrone, 60 g Sago, 100 g Zucker, 3 Nelken.

Die gewaschenen Holunderbeeren von den Stielen abstreifen und zerdrücken. Zusammen mit dem Wasser und den 2 Scheiben Zitrone, sowie Nelken zum Kochen bringen. 15 Minuten köcheln lassen. Alles durch ein Sieb geben. Den Saft wieder in den Topf geben und Sago, Zitronensaft und Zucker zugeben. 15 Minuten unter Rühren bei niedriger Hitze köcheln lassen. Die Suppe kann warm oder auch kalt gegessen werden.

Tipp: Die Suppe kann mit etwas Apfelsaft oder Rotwein verfeinert werden!

Karins Fliederbeersuppe mit gerösteten Weißbrotcroutons

1 l Fliederbeersaft, ½ l naturtrüber Apfelsaft, 6 Essl. Zucker, Saft von 1 Zitrone, 1 Prise Salz, 2 gehäufte Essl. Weizenstärke, 4 Scheiben Weißbrot, 3 Essl. Butter.

Den Fliederbeersaft mit dem Apfelsaft zusammen in einen Topf geben. 4 Essl. davon abnehmen. Zitronensaft, Zucker und Salz zugeben und alles zum Köcheln bringen. Die Stärke mit dem abgenommenen Saft glatt rühren und die Suppe damit binden. Die Hitze zurücknehmen.
Das Weißbrot in kleine Würfel schneiden. In einer Pfanne die Butter zerlassen und die Würfel darin rösten.
Kurz vor dem Servieren die Croutons zur Suppe geben.

Schneesuppe

500 g Holunderbeeren, 1 unbehandelte Zitrone, 5 Äpfel, 2 ½ Essl. Kartoffelmehl, 4 Essl. Zucker, 2 Eiweiß, 3 Essl. Zucker.

Zitrone schälen. Die Holunderbeeren in einen Topf zusammen mit der Zitronenschale geben und mit 1 l Wasser auffüllen. Alles zum Kochen bringen. Wenn es weich gekocht ist, die Masse durch ein Haarsieb streichen.
Zitrone auspressen. Äpfel schälen und in Stücke schneiden. Zu dem Saft geben und alles in dem Topf aufkochen, bis die Apfelstücke weich sind. 4 Essl. Zucker zugeben und mit Zitronensaft abschmecken. Das Stärkemehl mit etwas Wasser glattrühren und die Suppe damit binden. Etwas abkühlen lassen.
In einer Rührschüssel das Eiweiß zu einem einem festen Eischnee aufschlagen und dabei den Zucker einrieseln lassen. Den Eischnee unter die Suppe ziehen und zügig servieren.

Milchsuppe mit Mehlklößen

Für die Suppe: 6 Holunderblütendolden, 1,5 l Milch, Zucker, Zitronensaft, 6 Eigelb, 3 Essl. Vanillepuddingpulver.
Für die Klöße: 400 ml Milch, 300 g Mehl, 2 Eier, Salz, 2 Essl. Zucker, 50 g Butter.

6 Essl. von der Milch abnehmen. Die Blüten von den Dolden abstreifen und in die Milch geben. Vorsichtig aufkochen und noch 20 Minuten in der heißen Milch ziehen lassen. Durch ein Sieb streichen und dabei die Blüten gut ausdrücken.

Das Eigelb in einem Rührgefäß zusammen mit 250 ml von der warmen Milch mit einem Handmixer schaumig aufschlagen. Die Eigelbmilch in die Blütenmilch einrühren und mit Zucker und Zitronensaft abschmecken. Das Puddingpulver mit der abgenommen Milch verrühren und die Suppe damit binden. Nicht mehr aufkochen!

Für die Klöße die Butter zerlassen. Die Milch aufkochen, das Mehl einrühren, bis ein Kloß entsteht. Eier, Salz, Zucker und Butter zugeben und gut vermengen.

In einem Topf Wasser zum Sieden bringen. Mit einem Löffel von der Masse Klöße abstechen und in das Wasser geben. Ca. 10 Minuten garen. Klöße zu der Blütenmilch geben und servieren.

Fliederbeersuppe
Schleswig-Holsteiner Art

Für die Suppe: 0,7 l Fliederbeersaft, 350 ml Apfelsaft, 4 Äpfel, Zucker, Zitronensaft.
Für die Klöße: 400 ml Milch, 40 g Butter, 1 Prise Salz, 4 Essl. Zucker, 2 Eier, 225 g Grieß.

Für die Suppe den Fliederbeersaft mit Apfelsaft in einen Topf geben. Die Äpfel schälen, entkernen, in kleine Stücke schneiden, in den Topf geben und alles erhitzen. Die Suppe zum Sieden bringen, bis die Apfelstücke weich sind. Mit Zitronensaft und Zucker abschmecken.
Für die Klöße die Milch und Butter erhitzen, bis sie am Topfrand hochsteigt. Vom Herd nehmen, den Grieß, Salz, Zucker, und Eier schnell untermengen. Bei reduzierter Hitze auf dem Herd noch 3-4 Minuten garen. Mit einem Löffel Klöße abstechen, in die Suppe geben und ziehen lassen. Die Suppe schmeckt warm und kalt!

Tipp: Stehen eingeweckte Quitten zur Verfügung, diese gestückelt mit dem Saft zur Suppe geben! Besonders lecker und schnell gemacht!

Michaelas Fliederbeersuppe

1 kg Fliederbeeren, 1 l naturtrüber Apfelsaft, 2 große Boskop-Äpfel, 1 kleine Vanilleschote, Saft einer Zitrone, 100 g Zucker, 2 Essl. Maisstärke.

Beeren verlesen, waschen und mit Apfelsaft in einen Topf geben. Vanilleschote aufschneiden das Mark ausschaben und zugeben. Äpfel schälen, entkernen und raspeln. Das geraspelte Fruchtfleisch zusammen mit dem Zitronensaft in den Topf geben. Alles aufkochen und 3-4 Minuten leicht köcheln lassen. Die Stärke mit 3 Essl. Wasser glattrühren und die Suppe damit binden.

Tipp: Diese Suppe passt auch gut zu Milchreis, Griesflammerie oder Hefebuchteln!

Kindergartensuppe und Grießbrei

Für die Suppe: ½ l Fliederbeersaft, 1 Tasse Wasser, 3 Essl. Honig, ½ Zimtstange, 1 Apfel gewürfelt, 40 g Mondamin, 3 Essl. Wasser, etwas Vanilla.
Für den Grießbrei: ½ l Milch, 125 g Vollkorngrieß, 2 Essl. Honig, 1 Eigelb, 1 Eiweiß geschlagen.

Fliederbeersaft, Wasser, Honig, die Zimtstange, die Apfelwürfel und Vanilla zusammen 15 Minuten köcheln lassen. Mondamin mit dem Wasser glattrühren und die Suppe damit „andicken".
Für den Grießbrei die Milch aufkochen und von Herd nehmen. Dazu wird jetzt der Vollkonrgrieß, der Honig und das Eigelb gerührt. Auf die noch warme, aber ausgestellte Herdplatte stellen und unter Rühren noch 10 Minuten quellen lassen. Zum Schluss den Eischnee unterheben. Schmeckt warm und kalt.

Dieses Rezept wurde von der Kindertagesstätte Regenbogen in Brokstedt zur Verfügung gestellt.

Kirschkaltschale

500 g Sauerkirschen (Tk oder frisch), ½ unbehandelte Zitrone in Scheiben, 500 ml Holunderbeersaft, 500 ml Rotwein, 3 Essl. Speisestärke, 1 Stange Zimt, 2 Eiweiß, 3 Essl. Zucker, 1 l Wasser, Schale von ½ unbehandelten Zitrone, Puderzucker.

Kirschen mit Zitronenscheiben, Holundersaft, Rotwein, Zucker und Zimtstange aufkochen und 10 Minuten bei reduzierter Hitze köcheln lassen. Die Stärke mit etwas Wasser glatt rühren. Zitronenscheiben und Zimtstange herausnehmen und mit der Stärke abbinden. Im Kühlschrank auskühlen lassen.
Das Eiweiß mit dem Zucker steif schlagen. Das Wasser zum Kochen bringen, mit einem Löffel Nocken vom Eiweiß abstechen und 3 Minuten im Wasser garen. Herausnehmen, gut abtropfen und erkalten lassen. Kurz vor dem Servieren von der Zitrone kleine Streifen abraspeln und mit Puderzucker bestäuben. Die Nocken auf die Kaltschale setzen und mit Zitronenschale garnieren.

Hauptmahlzeiten Süß und Herzhaft

Pfannkuchenecke

Teig: 250 g Mehl, 1 Prise Salz, 5 Eier, 0,5 l Milch.
Fruchtvarianten: ca 16 Holunderblütendolden oder auch 16 Essl. Holunderbeeren.
Fett zum Ausbacken.

In einer Rührschüssel Mehl mit Eiern verquirlen und Salz zugeben und nach und nach die Milch dazurühren. ½ Stunde ruhen lassen.

Variante 1: Fett in die Pfanne geben. Den Teig portionsweise einfüllen. Sofort 2 Dolden in den Teig drücken und mit einer Schere schnell den Strunk weitestgehend abschneiden. Wenden, von der zweiten Seite backen und mit Zucker bestreut servieren.

Variante 2: Fett in die Pfanne geben. Den Teig portionsweise einfüllen. Jeweils 2 Essl. Holunderbeeren darauf verteilen. Wenden, von der zweiten Seite backen und mit Zucker bestreut anreichen.

Großer Hans mit Holundersauce

Für den Teig: 125 g Butter, 125 g Zucker, 5 Eier, 500 g Mehl, 1 Backpulver, ½ l Milch, 2 Tüten Vanillepuddingpulver. Fett für die Form.
Für die Fruchtsauce: 500 ml Holundersaft, 2 Äpfel, Saft einer halben Zitrone, ½ Packung Vanillepuddingpulver.

Für den Teig Butter, Zucker, Eier, Mehl, Backpulver, Milch und Puddingpulver zu einem glatten Teig rühren. Eine „Große-Hans-Form" ausfetten, den Teig einfüllen und 1 Stunde im Wasserbad garen.
Für die Fruchtsauce Holundersaft erhitzen. Die Äpfel schälen, reiben und mit Zitronensaft in die Sauce geben. Mit Puddingpulver abbinden.
Den Großen Hans stürzen und mit der Sauce anreichen.

Tipp: Die Sauce schmeckt dazu warm und kalt!

Tauschtipp: Für eine Fruchtsauce kann auch angedickter Holunderblütensaft verwendet werden.

Hollermichel

6 altbackene Mohnbrötchen, 450 ml Milch, 150 g Butter, 125 g Zucker, 1 Vanillezucker, 4 Eier, 150 g gehobelte Mandeln, 50 g geriebene Haselnüsse, Fett für die Form, 350 g Holunder-Apfel-Marmelade.
Für das Kompott: 1 Glas Sauerkirschen, 4 Essl. Zucker, 3 Essl. Vanillepuddingpulver, ½ Tl. Zimt.

Für das Kompott die Kirschen zusammen mit Saft, Zimt und Zucker in einen Topf geben. Aufkochen und mit Puddingpulver binden. Abkühlen lassen. Die Brötchen in Scheiben schneiden und mit leicht erwärmter Milch begießen. Anschließend gut ausdrücken. Eine Form ausfetten. Eier trennen und Eiweiß steifschlagen. In einer Schüssel Butter, Zucker und Eigelb schaumig rühren. Brötchenmasse dazumengen und Eiweiß mit der Hälfte der Nüsse unterziehen. Die Masse im Wechsel mit Holundermarmelade in die Form einschichten und mit restlichen Nüssen bestreuen. Im vorgeheizten Backofen bei 200 ° (Mitte) 45 Minuten backen. Kompott dazureichen.

Dampfnudeln mit Holunderfüllung und Blütenschaumsauce

Für den Teig: 500 g Mehl, 20 g Hefe, 225 ml Milch, 100 g Zucker, 1 Prise Salz, 1 Ei, 125 g Butter, 10 Tl. Holunderbeeren. ¼ l Milch, 25 g Zucker, 50 g Butter.
Für die Sauce: 2 Eier, 200 ml Holunderblütensirup, 10 Essl. Wasser, 1 Tl. Stärke.

Aus Mehl, Hefe, Milch, Zucker, Salz, Ei und Butter einen geschmeidigen Hefeteig zubereiten und an einem warmen Ort ½ Stunde gehen lassen.

Klöße formen, eine Vertiefung eindrücken und in jeden Kloß je einen Tl. Beeren geben und wieder verschließen. Die fertigen Klöße in eine feuerfeste Form geben.
In einem Topf Milch mit Butter und Zucker erwärmen, nicht kochen! Alles über die Klöße geben und die Dampfnudeln im vorgeheizten Backofen bei 200° (Mitte) 35 Minuten backen.

Für die Schaumsauce Eier, Holunderblütensirup, Wasser und Stärke in eine Edelstahlschüssel geben und kräftig aufschlagen.
Einen Topf mit Wasser zum Sieden bringen und die Sauce im Wasserbad unter kräftigem Rühren aufschlagen, bis sie hochsteigt und die Stärke bindet.
Sie kann warm oder kalt zu den Dampfnudeln gereicht werden.

Süße Knödel mit Holunderbeerensauce

Für die Knödel: 550 g Weißbrot in kleinen Würfeln, 300 ml Milch, 3 Eier, 150 g Mehl, 3 Tl. Vanilla, 1 Essl. Zucker.
Für die Sauce: 500 ml Holundersaft, 4 Essl. Backpflaumen, Zitronensaft, Zucker, 2 Tl. Stärke. 4 Essl. gemahlene Haselnüsse, 2 Essl. Butter.

Die Brotwürfel in Milch einweichen. Danach ausdrücken und mit Eiern, Milch, Vanilla und Zucker verkneten. Knödel formen und in heißem Wasser garen, bis sie oben schwimmen. Warm halten.
Für die Sauce die Pflaumen fein hacken und mit dem Saft zum Kochen bringen. Mit Zitronensaft und Zucker abschmecken und mit glatt gerührter Stärke abbinden. In einem Topf die Butter zerlassen und die Nüsse darin rösten. 1 Essl. Zucker dazumischen.
Auf Tellern die Knödel anrichten und mit Nussmischung bestreuen. Die Sauce dazu reichen.

Glasierte Rehkeule

1 Rehkeule von ca. 2 kg, 1 l Buttermilch, ½ Sellerieknolle, 2 Wurzeln, 1 Zwiebel.
Marinade: 3 Knoblauchzehen, 2 Essl. Wacholderbeeren, 6 Essl. Olivenöl, 1 Tl. Salz, Pfeffer,
1 Essl. Holunderblütensirup, 2 Essl. Stärke, 200 ml Rotwein, 5-6 Essl. Holunderbeergelee.

Die Rehkeule enthäuten und über Nacht in Buttermilch legen. Am nächsten Tag abwaschen und trockentupfen.

Für die Marinade den Knoblauch schälen. Wacholderbeeren, Öl, Salz, Pfeffer und Knoblauch in ein kleines Gefäß geben und mit einem Passierstab zu Brei rühren. Die Rehkeule damit einstreichen und in einen Bräter legen.

Das Gemüse putzen, fein würfeln und um die Rehkeule herum verteilen. 1 Tasse Wasser zugeben. Im vorgeheizten Backofen bei 180° (Mitte) 1,5 - 2 Stunden backen. Nach einer Stunde mit Rotwein auffüllen und die Keule mit

dem Sud begießen. Dabei die krümeligen Rückstände der Marinade möglichst entfernen. Nach der Backzeit die Keule aus dem Sud nehmen und alles durch ein Sieb passieren.

Die Keule mit dem Holundergelee einstreichen und noch einmal für 20 Minuten in den Backofen geben.

Für die Bratensauce den Sud in einen Topf geben. Holunderblütensirup zufügen und alles aufkochen. Stärke mit etwas Wasser glattrühren und die Sauce damit binden. Evtl. mit Salz und Pfeffer abschmecken.

Marinierter Hase

1 Hase, 300 ml trockener Rotwein, 300 ml Holundersaft ungesüßt, 2 Knoblauchzehen, 15 Wacholderbeeren, 20 Pfefferkörner, 1 Tl. Thymian, 2 Nelken, 3 Lorbeerblätter, 2 Essl. Preiselbeeren aus dem Glas, 1 Stück Ingwer 5 cm, 4 Essl. Öl, 150 g geräucherter Speck, 50 g Butter, Salz, Pfeffer, 200 ml Sahne.

Knoblauch schälen und vierteln. Den Ingwer schälen und in Scheiben schneiden. Den Hasen waschen, trocken tupfen und enthäuten. Dann in küchenfertige Teile zerlegen, d.h. Keulen, Rücken und Blätter auslösen.
Für die Marinade den Rotwein, Holundersaft, Knoblauch, Wacholderbeeren, Pfefferkörner, Thymian, Nelken, Lorbeerblätter, Preiselbeeren, Ingwerscheiben und Pflanzenöl gut miteinander vermischen. Die Hasenteile in einen Gefrierbeutel geben, die Marinade dazugeben, den Beutel gut verschließen und einen Tag im Kühlschrank durchziehen lassen.

Dann die Hasenteile aus der Marinade nehmen und alles durch ein Sieb abgießen, dabei die Flüssigkeit auffangen. Den Speck würfeln. Die Butter zerlassen und den Speck darin ausbraten. Das Fleisch salzen und pfeffern und in einen Bräter geben. Die Specksauce darüber gießen und mit einem Deckel oder Alufolie bedecken. Im vorgeheizten Backofen bei 200° (Mitte) ca. 1 Stunde backen. Dabei immer wieder mit der Sauce begießen.

Für die Sauce die Marinadenflüssigkeit in einen Topf geben und zur Hälfte einkochen lassen. Dann die Sahne zugeben und weiter zu einer leicht cremigen Sauce einköcheln lassen. Mit Salz und Pfeffer abschmecken und die Sauce zum Hasenbraten servieren.

Tipp: Als Beilage dazu Kroketten, das Rezept „Rotkohl einmal anders“ und Pfirsichhälften mit Holundergelee oder Marmelade gefüllt servieren! Lecker!

Flugente im Gemüsebett

Für die Ente: 1 Flugente ca. 2kg, 2 Wurzeln, 300 g Sellerie, 1 Zwiebel, 300 g Kürbis gewürfelt, 1 Porreestange, 250 ml Holundersaft ungesüßt, Salz, Pfeffer.
Für die Füllung: 2 Äpfel (Boskop), 4 Essl. Paniermehl, 150 g Rosinen.

Die küchenfertige Flugente gründlich waschen und trocken tupfen. Von innen und außen gut salzen und pfeffern.
Die Wurzeln schälen und in kleine Würfel schneiden. Sellerie von der Schale befreien und in kleine Würfel schneiden. Die Zwiebel schälen und achteln. Den Kürbis von der Schale befreien, entkernen und in kleine Stifte schneiden.
Die Porreestange halbieren, gründlich abwaschen und in grobe Stücke zerteilen.
Das Gemüse in einen Bräter geben.

Für die Füllung die Äpfel schälen und in kleine Stücke schneiden. In einer Schüssel Äpfel mit Paniermehl und Rosinen gründlich vermischen.

Die Füllung in die Ente geben und mit Holzstäbchen so gut es geht verschließen.

Die Ente mit der Brustseite nach unten in den Bräter legen und im vorgeheizten Backofen bei 180° (Mitte) 2,5 Stunden backen.

Nach einer Stunde den Holundersaft zugeben. Die Ente ab und zu mit dem Sud begießen. Eine halbe Stunde vor dem Ende des Backens die Ente umdrehen.

Die Ente herausnehmen, den Sud durch ein Sieb in einen kleinen Topf gießen, abschmecken und etwas andicken.
Vor dem Servieren die Holzstäbchen entfernen, die Füllung herauslöffeln und zum Essen anreichen.

Tipp: Für die Füllung die Rosinen etwas in Rum einlegen!

Schweinefilet mit Schmandhaube

800 g Schweinefilet, Butter zum Ausbraten.
Für die Panade: 2 Eier, Paniermehl, Mehl, Salz, Pfeffer, 4 Essl. gehobelte Mandeln.
Für die Haube: 150 g Creme Fraiche, 2 Essl. Holunderblütensirup, 1 Knoblauchzehe ausgepresst, 2 Essl. geriebener Emmentaler.

Schweinefilet in Scheiben schneiden. Für die Panade die Eier verquirlen und das Fleisch erst in Mehl, dann in Ei und mit Mandeln gemischtem Paniermehl wenden. Butter zerlassen und nach und nach die Filets darin ausbacken. Fertige Stücke warm halten.
Für die Haube Knoblauch, Creme Fraiche, Sirup und Käse verrühren. Alles gleichmäßig auf dem Filet verteilen und im vorgeheizten Backofen bei 180° (Mitte) 15 Minuten überbacken.
Dazu kann man Salat, frisches Brot oder auch Reis reichen.

Putenbrust auf Eisbergsalat

500 g Putenbrust, Butter zum Ausbraten, Salz und Pfeffer.
Für den Salat: 4 Essl. Holunderblüten, 1 kleiner Eisbergsalat, 1 große rote Paprikaschote, 100 g frische Champignons, 1 Schalotte.
Für das Dressing. 4 Essl. Holunderblütenessig, 2 Essl. Holunderblütensirup, Salz, Pfeffer, 4 Essl. Sonnenblumenöl.

Vom Eisbergsalat die äußeren Blätter entfernen und den Kopf klein schneiden. Paprika würfeln. Champignons in Scheiben schneiden. Schalotte würfeln. Salat mit verlesenen Holunderblüten, Paprika und Pilzen locker vermischen. Für das Dressing Essig, Sirup, Öl gut vermischen und mit Salz und Pfeffer abschmecken.
In einer Pfanne Butter zerlassen und das Putenfleisch darin garen. Im Anschluss in kleine Stifte schneiden und über dem Salat verteilen. Das Dressing darüber verteilen und sofort servieren.

Tipp: Dazu passt ein frisches Weißbrot!

Gemüsepudding mit Beerensauce

Für den Pudding: 250 g Kürbisfleisch gewürfelt, 2 Zwiebeln gewürfelt, 3 Knoblauchzehen gehackt, 1 Essl. Butter, 75 ml Rotwein, 200 ml Sahne steifgeschlagen, 7 Blätter Gelantine, 4 Cherrytomaten, Salz, Pfeffer.
Sauce: 250 g Holunderbeeren, 150 ml Rotwein, 2 Essl. Zucker, 1 Prise Zimt.
Beilage: 400 g Pfifferlinge, 1 Essl. Butter, 4 Tl. gehackte Petersilie.

Gelantine in Wasser einweichen. Butter in einem Topf zerlassen. Kürbis, Knoblauch und Zwiebeln darin dünsten und mit Rotwein aufgießen. Mit einem Passierstab pürieren und mit Gewürzen abschmecken. Vom Herd nehmen und die ausgedrückte Gelantine darin auflösen. Unter rühren erkalten lassen. Dann die Sahne unterheben.

Vier Formen leicht mit Öl auspinseln. Die Tomaten halbieren und mit der aufgeschnittenen Hälfte nach oben in die 4 Formen legen. Masse einfüllen und im Kühlschrank erstarren lassen.

Für die Sauce die Beeren mit einer Gabel von den Stielen ziehen. In einem Topf mit Rotwein aufgießen und 15 Minuten köcheln lassen. Durch ein Sieb passieren und etwas abkühlen lassen.

Für die Pilze die Butter zerlassen und die Pilze auf kleiner Flamme 15 Minuten dünsten. Mit Salz und Pfeffer abschmecken.

Den Pudding aus den Formen stürzen und auf jeweils einen Teller legen. Die Pilze und die Sauce jeweils getrennt voneinander seitlich anordnen. Mit Petersilie bestreuen und sofort servieren.

Es ist nicht schwer und lässt sich gut vorbereiten!

Kürbisgemüse

1200 g Kürbisfleisch, 1 Tl. Zucker, Salz, Pfeffer, 1 Knoblauchzehe gehackt, 2 Essl. Essig, ¼ l Holundersaft ungesüßt, 1 Zwiebel gewürfelt, 2 Essl. Butter, 2 rote Paprikaschoten gewürfelt, 1 Essl. gehackte Petersilie, Paprikapulver, 200 ml Sahne.

Den Kürbis schälen, entkernen und das Fleisch würfeln. Zucker, Salz, Pfeffer, Essig, Holundersaft, Knoblauch und Zwiebeln vermischen und den Kürbis damit 3 Stunden marinieren. Anschließend das Gemüse in einem Sieb abtropfen lassen. Die Butter in einem Topf zerlassen und Paprika darin kurz dünsten. Das Kürbisgemüse zugeben und 15 Minuten leicht köcheln lassen. Sahne aufgießen und mit Salz, Pfeffer und Paprikapulver abschmecken. Gehackte Petersilie darüber streuen und servieren.

Tipp: Dazu frisches Weißbrot reichen!

Wildrahmsuppe

750-1000g Knochen vom Wild, 400 g Wildfleisch, 2 Essl. Butter, 1 Tl. Pfefferkörner, Salz, Suppengrün, 2 Zwiebeln gewürfelt, 150 g Champignons in Scheiben, 250 g Creme Fraiche, 4 cl. Sherry, 2 Essl. Holunderbeergelee, etwas gehackte Petersilie

Das Suppengemüse putzen und klein schneiden. Die Wildknochen soweit es geht zerteilen und mit dem Suppengemüse, Pfefferkörnern und Salz in einen Topf geben. Mit Wasser gut bedecken und zum Kochen bringen. 2 Stunden leicht köcheln lassen. Alles durch ein Tuch passieren. Das Wildfleisch klein schneiden. Die Butter zerlassen, Fleisch, Pilze und Zwiebel darin andünsten. Brühe zufügen (gut 1 Liter) und mit Sherry, Salz und Pfeffer abschmecken. 45 Minuten köcheln lassen. Die Creme Fraiche und das Gelee zugeben und noch 20 Minuten köcheln lassen. Mit Petersilie bestreut servieren.

Vitamine
Mineralien

Süße Träume

Stachelbeer-Holunderblüten-Sorbet

500 g Stachelbeeren (geputzt gewogen), 175 g Zucker, Saft einer halben Limette, 100 ml Wasser, 75 ml Holunderblütensirup. Etwas geschlagene Sahne, halbe Limette.

Stachelbeeren, Zucker, Limettensaft, Wasser und Holunderblütensirup mischen. In einem Topf alles weich dünsten und durch ein Sieb streichen. In einen Gefrierbehälter geben und für ca. 3-4 Stunden einfrieren. In regelmäßigen Abständen während des Gefriervorganges umrühren. Etwa eine halbe Stunde vor dem Servieren in den Kühlschrank stellen. In Portionsschalen geben, eine Sahnerosette aufspritzen und auf die Rosette eine hauchdünn geschnittene Limettenscheibe legen.

Fruchtgelee

45 g Gelantine, 300 ml Wasser, 30 g Zucker, 300 ml Holunderblütensirup, 150 g süße Kirschen, 150 Erdbeeren, 150 g Kernlose Weintrauben.

Gelantine 5 Minuten in der Hälfte des Wassers quellen lassen. Das restliche Wasser mit dem Sirup und dem Zucker erwärmen, bis der Zucker aufgelöst ist. Gelatine mit dem Wasser zur Zuckerlösung geben und auflösen. Kirschen entsteinen und halbieren, Erdbeeren und Trauben halbieren. Eine Schicht Gelee in eine Form geben und stocken lassen. Kirschen darauf legen und etwas Gelee darauf gießen. Den Vorgang mit Erdbeeren und Weintrauben wiederholen und mit Gelee abschließen. Im Kühlschrank abkühlen lassen. Vor dem Servieren die Form kurz in handwarmes Wasser tauchen und auf eine Platte stürzen.

Tipp: Dekorieren Sie mit Sahnerosetten oder Blättern von Zitronenmelisse. Man kann auch kleine Portionsformen anstelle einer großen Form verwenden.

Asiatischer Fruchtsalat

Gelee: 7 Blätter Gelantine, 450 ml Wasser, 150 ml Holunderblütensirup.
Sirup: 450 ml Wasser, 175 g Zucker.
Salat: 1 kleine Honigmelone, 3 Kiwis, 150 g kernlose Weintrauben, 1 säuerlichen grünen Apfel möglichst unbehandelt, 1 kleine Dose Litchis, 2 Guaven, 1 Karambole.

Gelantine in der Hälfte des Wassers 10 Minuten einweichen. Eine flache Form mit Frischhaltefolie auslegen. Die Gelantine mit restlichem Wasser und Blütensirup in einem Topf vorsichtig auflösen und abkühlen lassen. In die Form geben und im Kühlschrank erkalten und erstarren lassen.
Für den Sirup Wasser und Zucker mischen und in einem Topf zu einem dünnflüssigen Sirup einkochen und anschließend erkalten lassen.
Für den Salat die Melone halbieren, entkernen und Kugeln ausstechen. Kiwis schälen, in Scheiben schneiden und diese halbieren. Die Trauben halbieren. Den Apfel halbieren, entkernen und in dünne Spalten schneiden. Die

Litchis abtropfen lassen und je nach Größe halbieren oder vierteln. Guaven schälen und in Spalten schneiden. Karambole in dünne Scheiben schneiden.
Das Gelee auf ein großes Schneidbrett stürzen und würfeln. Vor dem Servieren in einer Schüssel die Früchte mit dem Sirup vorsichtig mischen. Die Geleewürfel auf den Salat geben.

Tipp: Zur Dekoration einige Blätter von Zitronenmelisse auf dem Salat verteilen!

Apfel-Kürbis-Pudding

Für den Pudding: 250 g Äpfel (geputzt gewogen), 150 g Kürbismus, 150 ml naturtrüber Apfelsaft, 1 Vanillezucker, ½ Tl. Zimt, 2 Essl. Zitronensaft, 2 Essl. brauner Zucker, 5 Essl. Holunderbeerensirup, 4 Tl. Rosinen, 2 gestrichene Tl. Agar Agar-Pulver.
Für die Sauce: 300 ml frisch gepresster Orangen-Saft, 1 Tl. Speisestärke, 3 Essl. brauner Zucker.

Die geschälten und gestückelten Äpfel mit Apfelsaft, Vanillezucker, Zimt und Zitronensaft 7 Minuten weichkochen. Mit einem Pürierstab fein passieren. Sirup und Rosinen zufügen und kurz aufkochen lassen. Agar-Agar mit kaltem Wasser anrühren, in das Mus einrühren und kurz mitkochen. In kleine Portionsformen geben und 3-4 Stunden in den Kühlschrank stellen. Für die Orangensauce den Saft mit Stärke und Zucker kurz aufkochen und erkalten lassen. Mit dem Saft in kleinen Tellern einen Spiegel gießen. Den Pudding stürzen und in der Mitte platzieren.

Tipp: Mit Zitronenmelisse dekorieren!

Holunderblüten in Weinteig mit Himbeermark

16 Holunderblüten, 1 l Öl zum Ausbacken.
Teig: 3 Eigelb, ¼ l Weißwein, 5 Essl. Mehl, 4 Essl. Zucker, 3 Eiweiß.
Für das Mark: 600 g Himbeeren, 4 Essl. brauner Zucker, 1 Essl. Orangenschale.

Für den Teig Eigelb, Weißwein und Mehl glattrühren. Eiweiß steifschlagen und den Zucker dabei einrieseln lassen. Eiweiß unter die Weinmischung ziehen. Das Öl erhitzen. Die Dolden in den Teig tauchen und nacheinander im Öl goldgelb ausbacken. Auf ein Küchenkrepp zum Abtropfen geben.
Für das Mark die Himbeeren mit Zucker und Orangenschale mischen. Mit einem Passierstab fein pürieren. Das Mark mit den ausgebackenen Dolden anreichen und sofort servieren.

Früchteterrine

Jeweils 100 g von: Holunderbeeren, schwarze Johannisbeeren, rote Johannisbeeren, Heidelbeeren, 300 g kleine Erdbeeren, 200 g Himbeeren, 3 Tl. Gelantine, 250 ml ungesüßter Traubensaft, 3 Essl. Zucker, 1 Essl. Zitronensaft, 75 g Himbeerpüree (100 g der Früchte abnehmen).

Für das Himbeerpüree die Himbeeren zermusen und durch ein Sieb streichen. Alle Früchte verlesen und in eine Kastenform geben. Gelantine nach Vorschrift einweichen, mit der Hälfte des Traubensaftes vermischen und in einem Topf auflösen. Zucker, restlicher Saft, Zitronensaft und Himbeermark zugeben und abkühlen lassen. 150 ml Flüssigkeit abnehmen und den anderen Teil über die Früchte geben. Etwas Frischhaltefolie darüber legen und mit einer weiteren Form beschweren. Über Nacht in den Kühlschrank stellen. Die restliche Flüssigkeit vorsichtig auflösen, darüber gießen und mit Folie abdecken. Erstarren lassen! Auf eine Platte stürzen und mit Melisseblättern garniert servieren.

Holunderblüten mit Ahornsirup

8 Holunderblüten, 8 Essl. Ahornsirup, 1 kg Fett zum Ausbacken.
Teig: 1/8 l Milch, 2 Eier, 20 g Zucker, 125 g Mehl.

Die Holunderblüten vorsichtig reinigen.
Für den Teig Milch, Eier, Zucker und Mehl mit dem Handmixer zusammen aufschlagen.
In einem Topf das Fett erhitzen.
Die Holunderblüten mit den Blüten zuerst in den Teig tauchen, so dass man am Ende noch anfassen kann. Goldgelb ausbacken und auf einem Küchenkrepp kurz abtropfen lassen.
Jeweils auf einen Teller 2 Dolden legen und mit jeweils 2 Esslöffeln Sirup benetzen.

Dekorationstipp: Dabei auch ruhig etwas vom Sirup neben die ausgebackenen Dolden geben.

Gebackener Milchreis

Holundermus: 350 g Fliederbeeren, 75 g Zucker.
Milchreis: 750 ml Milch, 20 g Zucker, 1 Tl.
Vanilla, 80 g Milchreis, 25 g Butter, Muskatnuss.

In einer Schüssel Milch, Zucker, Vanilla, Milchreis und Butter verrühren. Alles in eine Kastenform geben, Butterflocken aufsetzen und mit Alufolie abdecken. Im vorgeheizten Backofen bei 175° (Mitte) 1 Stunde backen. Ab und zu vorsichtig umrühren. Nach einer Stunde die Folie entfernen, die Hitze auf 150° reduzieren. Nach weiteren 45 Minuten den Reis aus dem Ofen nehmen abkühlen lassen und in den Kühlschrank stellen.
Für das Mus Fliederbeeren mit 2 Essl. Wasser und Zucker in einen Topf geben und kurz aufkochen. Pürieren und erkalten lassen.
Den Milchreis aus der Form stürzen, in Scheiben schneiden und auf Tellern mit dem Fruchtmus anrichten und servieren.

Tipp: Lässt sich gut am Vortag vorbereiten!
Vor dem Servieren mit Zimtzucker bestreuen!

Kaiserschmarren mit Hollersahne

Teig für 2 Pfannen: 4 Eiweiß, 2 Essl. Zucker, 4 Eigelb, 150 g Mehl, 250 ml Milch, 2 Prisen Salz, 4 Essl. Rumrosinen, 80 g Butter.
Für die Sahne: 250 ml Holunderblütensirup, 1 Packung Instant-Vanillesaucenpulver, 250 ml geschlagene Sahne.

Eiweiß mit Zucker steifschlagen. Eigelb mit Mehl, Milch und Salz zu einer glatten Masse verquirlen. Rosinen und Eischnee unterziehen. Die Butter in vier Stücke teilen. In jede Pfanne ein Stück Butter geben und zerlassen. Die Masse auf beide Pfannen verteilen und bei mittlerer Hitze goldbraun backen. Umdrehen und die restliche Butter jeweils zugeben. Mit 2 Gabeln den Schmarren „zerreißen" und abgedeckt noch etwas nachziehen lassen.
Für die Hollersahne die Sahne steifschlagen. Das Saucenpulver unter den Blütensirup schlagen und dicklich werden lassen. Die Sahne unterziehen und zum Schmarren servieren.

Holunderauflauf

350 g Holunderbeeren (geputzt gewogen), 350 g Sauerkirschen (aus dem Glas).
Für den Teig: 350 ml Milch, 4 Eier, 4 Essl. Zucker, 1 Essl. Vanilla, 4 gehäufte Essl. Mehl, 2 Essl. Kirschwasser, 1 Priese Salz, Fett für die Form, Puderzucker zum Bestäuben.

Holunderbeeren waschen, gut abtropfen lassen und von den Stielen befreien. Sauerkirschen abtropfen lassen. Eine feuerfeste Form ausfetten und die Früchte hineingeben.
Für den Teig mit dem Handmixer die Milch, Eier, Zucker, Vanilla, Mehl, Kirschwasser und Salz gut verquirlen. Die Masse über die Früchte gießen. Im Ofen bei 200° (Mitte) 25 Minuten backen und mit Puderzucker bestäubt servieren.

Der Auflauf schmeckt warm, aber auch leicht abgekühlt. Er kann als Nachspeise oder auch zum Kaffee gereicht werden!

Schichttraum

Für die Creme: 250 g Mascapone, 250 g Sahnequark, 2 Eigelb, 2 Tl. Vanilla, 200 g Sahne. Für die Fruchtschicht: 800 g Holunderbeeren, 150 g Zucker, 1 Tl. Vanilla, 250 g Heidelbeeren, ca 15 Löffelbisquits, Puderzucker zum Bestäuben.

Holunderbeeren mit Zucker mischen, in einem Topf aufkochen und zu einem dickflüssigen Mus einkochen lassen, dabei umrühren. Abkühlen lassen. Für die Creme die Sahne steifschlagen. In einer Schüssel Mascapone, Sahnequark, Eigelb und Vanilla mit einem Handmixer kräftig aufschlagen und die Sahne unterziehen. Eine Form mit den Löffelbisquits auslegen und etwas von der Creme darauf streichen. Dann das Holundermus darauf verteilen, ca 4 Tl. davon zurücklassen. Den Rest von der Creme verteilen und die Heidelbeeren oben auflegen. Kleine Tupfen Holundermus dazwischen setzen. Kurz vor dem Servieren mit Puderzucker bestäuben.

Tipp: In das fertige Holundermus 6 cl Whiskey geben! Lecker!

Das gewisse Etwas

450 g Holunderbeeren, 2 Essl. Wasser, 6 Essl. Zucker, 1 Packung Tortenguss, 4 große Scheiben Vollkornbrot, 6 cl Zwetschgengeist, 200 ml Sahne, 1 Packung Vanillezucker. Geraspelte Schokolade.

Holunderbeeren mit Wasser zum Kochen bringen und 20 Minuten mit dem Zucker leicht köcheln lassen. Mit dem Tortenguss abbinden und unter gelegentlichem Rühren auskühlen lassen.

Das Brot fein zerkrümeln und im Backofen rösten. In eine Schüssel geben und mit dem Obstbrand beträufeln.
Sahne steifschlagen und mit dem Vanillezucker unter das Holundermus ziehen.

In Portionsgläser oder -schalen im Wechsel Brotmasse und Holundersahne schichten.
Vor dem Servieren mit geraspelter Schokolade bestreuen.

Weiße Mousse au Chocolat auf Holundersauce

Für die Mousse: 3 Blatt Gelantine, 100 g weiße Schokolade, 1 Ei, 1 Eigelb, 200 g Schlagsahne, 1 Essl. Whiskey.
Für den Fruchtspiegel: 300 ml konzentrierter Holundersaft, 2 Tüten Instantvanillesaucen-pulver.
Für das Spinnennetz: 125 g Creme Fraiche, 1 Vanillezucker.

Gelantine in Wasser einweichen. Schokolade im Wasserbad auflösen. Ei und Eigelb schaumig rühren und mit Whiskey in die Schokolade einrühren. Die Gelantine ausdrücken und unter Rühren in der Masse auflösen. Erkalten lassen. Sahne steifschlagen und unter die Masse ziehen.

Holundersaft mit Instantsaucenpulver verrühren und andicken lassen. Es darf nicht zu fest werden.

Die Creme Fraiche mit dem Vanillezucker glatt rühren und in einen Spritzbeutel mit kleiner Öffnung geben.

Auf einen Teller jeweils einen Spiegel Holundermasse geben und spiralförmig Creme Fraiche aufspritzen. Mit einem Zahnstocher von der Mitte her nach außen ziehen, so dass ein Spinnennetz entsteht.

Mit einem Esslöffel Nocken von der Mousse abstechen und in die Mitte jedes Tellers 1 -2 Nocken setzen. Mit Zitronenmelisseblättern garnieren.

Das ist ein ganz besonderer Nachtisch! Lässt sich gut vorbereiten!

Tauschtipp: Statt konzentriertem Holundersaft Holunderblütensirup mit Instantsaucenpulver anrühren und so verfahren wie beschrieben. Schmeckt auch gut!

Bratapfeltraum

4 Äpfel (Boskop), 100 g Marzipanrohmasse, 6 Essl. Holunderblütensirup, 2 Essl. Puderzucker, 2 Essl. Butter, 4 Essl. Holunderbeergelee, 2 Essl. gehobelte Mandeln.
Für die Vanillesauce: 500 ml Milch, 2 Eigelb, 4 Essl. Zucker, 1 Tl. Vanilla, 1 gehäufter Essl. Vanillepuddingpulver.

Die Äpfel waschen, mit einem Kerngehäuseausstecher die Mitte entfernen. Die Marzipanrohmasse zerkrümeln und mit Holunderblütensirup, Puderzucker und Butter glattrühren. Die Äpfel damit füllen. Das Holundergelee in der Mikrowelle oder in einem Topf zum Schmelzen bringen und mit einem Pinsel die Äpfel damit bepinseln. In eine feuerfeste Form setzen und mit Mandeln bestreuen. Im vorgeheizten Backofen bei 170° 30 Minuten backen.
Für die Vanillesauce die Milch in einen Topf geben und aufkochen. 4 Essl. davon abnehmen. Puddingpulver mit Milch, Zucker, Vanilla und Eigelb gut verquirlen und in die kochende Milch einrühren. Schmeckt warm und kalt dazu!

„BBC"
Blüten-Buttermilch-Creme

100 ml Holunderblütensirup, 100 g Creme Fraiche, 200 ml Buttermilch, 50 g Zucker, 5 Blatt Gelantine, Saft einer halben Zitrone, 200 ml steifgeschlagene Sahne.

Gelatine in Wasser einweichen. Holunderblütensirup, Creme Fraiche, Buttermilch und Zitrone aufschlagen bis sich der Zucker gelöst hat. Die Gelantine in einem Topf bei kleiner Hitze auflösen. Einige Esslöffel der Milch zugeben. Unter starkem Rühren die Gelantineflüssigkeit in die Buttermilchflüssigkeit einrühren und ruhen lassen. Ab und zu umrühren. Wenn sich eine „Straße" ziehen lässt, die steifgeschlagene Sahne unterziehen und in kleine Portionsschalen verteilen. Im Kühlschrank durchkühlen lassen.

Tipp zur Dekoration: 1-2 Blütendolden in einem Topf mit etwas Öl 1 Minute frittieren. Auf einem Küchenkrepp abtropfen und die abgezupften Blüten auf der Speise verteilen!

Früchte in Champagnergelee

400 g Früchte gemischt (z.B. Heidelbeeren, Weintrauben, Himbeeren, Erdbeeren, Mango o.ä.), 7 Blatt Gelantine, 2 Essl. Zucker, 4 Essl. Kirschwasser, 300 ml Champagner oder trockener Sekt, 100 ml Holunderblütensirup, Minzeblätter.
Für die Creme: 300 g Sahnejoghurt, 2 Tl. Vanilla, 1 Stück frischer Ingwer (3 cm).

Gelantine einweichen. Früchte waschen und gut abtropfen lassen. Je nach Größe ganz lassen, oder in mundgerechte Stücke schneiden. Zucker mit Kirschwasser, Sekt und Sirup in einen Topf geben und leicht erwärmen. Die Gelantine-blätter ausdrücken und auflösen. Abkühlen lassen. Die Früchte in Protionsschalen verteilen und mit der Flüssigkeit aufgießen. Im Kühlschrank erstarren lassen.
Für die Creme den Ingwer schälen und fein reiben. Joghurt mit Vanilla und Ingwer glatt rühren und zu dem Fruchtgelee reichen. Mit Minzeblättern dekoriert anreichen.

Backstube

Mürbetaler mit Beeren

Für den Teig: 300 g weiche Butter, 150 g Puderzucker, Zitronenschale, 1 Tl. Vanilla, 1 Ei, 450 g Mehl.
Für die Füllung: 200 g Creme Double, 1 Tl. Vanilla, Zucker nach Geschmack, 300 g Holunderbeerenmus, 100 g rote Johannisbeeren. Puderzucker zum Bestäuben, etwas Butter zum Einfetten.

Zwei Backbleche mit Butter bestreichen und kühl stellen.
Butter und Puderzucker schaumig rühren. Zitronenschale und Vanilla unterrühren. Das Ei leicht verquirlen und nach und nach unter die Mischung einarbeiten. Das Mehl dazusieben und mit der Buttermischung verrühren. 4 kleine Stücke Backpapier abtrennen. Den Teig halbieren, und jeweils auf ein Backpapier setzen. Das zweite Stück Papier auflegen und den Teig zwischen den Lagen dünn ausrollen. Auf eine entsprechend große Unterlage legen und 1 Stunde in den Kühlschrank stellen.

Mit einer runden Ausstechform von ca. 5 cm Durchmesser kleine Kreise ausstechen und auf die gefetteten Backbleche legen. Mit einer Gabel einstechen. Im vorgeheizten Backofen bei 160° (Mitte) 20 Minuten backen, bis sie goldbraun sind. Auskühlen lassen.

Creme Double mit Vanilla und Zucker mischen und mit einem Schneebesen steifschlagen. Alles in einen Spritzbeutel mit Sterntülle geben.

Johannisbeeren mit kaltem Holundermus mischen.

Etwas Creme in die Mitte jeden Kreises geben, darauf etwas Fruchtgemisch setzen. Einen weiteren Taler aufsetzen, den Vorgang wiederholen und mit einem Taler abschließen. Mit Puderzucker bestäuben.

Gleich servieren!

Lässt sich gut vorbereiten, aber wenn die Taler zusammengesetzt sind müssen sie schnell serviert werden.

Holunder-Rhabarber-Kuchen

4 Eier, 100 g brauner Zucker, 1 Tl. Rübensirup, 100 g Mehl, 150 g Fliederbeeren, 150 g Rhabarber, Fett zum Ausfetten, Backpapier.

Den Boden einer Springform mit Backpapier auslegen und im Rand einklemmen. Mit Fett ausstreichen. Einen Topf halb mit Wasser füllen, zum Kochen bringen und ausstellen. Eier in eine Edelstahlschüssel geben und mit dem Zucker vermischen. Im Wasserbad mit einem Schneebesen aufschlagen, bis eine dickliche Creme entsteht. Herausnehmen, den Sirup unterrühren, das Mehl sieben, unter die Mischung heben, bis ein glatter Teig entsteht. Die Früchte mischen und die Hälfte in die Form geben. Den Teig darauf verteilen und die restlichen Früchte darüber geben. Den Kuchen im vorgeheizten Backofen bei 170° 40 Minuten backen. Auf eine Kuchen platte stürzen.

Tipp: Mit Puderzucker bestreut servieren! Schmeckt kalt, oder warm z.B. mit Vanilleeis!

Baisertorte mit Beerenfüllung

Tortenboden: 6 Eiweiß, 400 g Zucker.
Füllung: 250 ml Holundersirup, 500 ml Sahne, 500 g Himbeeren, 2 Essl. Speisestärke, Puderzucker zum Bestäuben.

Eiweiß sehr steif schlagen und den Zucker dabei einrieseln lassen. 2 Backbleche mit Backpapier auslegen. Auf jedes Backblech mit dem Eischnee 2 Kreise geben. Im vorgeheizten Backofen bei 140° (Mitte) 3 Stunden trocknen lassen.
Für die Füllung den Sirup in einen Topf geben und mit der mit Wasser glattgerührten Stärke binden. Auskühlen lassen. Ab und zu umrühren. Die Sahne steifschlagen und die Sirupmasse unterziehen.
Auf den ersten Boden die Hälfte der Holundersahne geben und mit der Hälfte der Himbeeren belegen. Ebenso mit dem obersten Boden verfahren. Vor dem Servieren mit Puderzucker bestäuben.

Tauschtipp: Statt Himbeeren eignen sich alle Fürchte der Saison!

Roter Käsekuchen

Mürbeteig: 250 g Mehl, 1 Ei, 80 g Zucker, 1 Prise Salz, 125 g Butter.
Füllung: 200 g Doppelrahmfrischkäse, 500 g Quark, 125 g Zucker, 3 Eigelb, 50 ml Sahne, Saft und Schale von 1 Zitrone, 2 cl Rum, 3 Essl. Vanillepuddingpulver, 3 Eiweiß, 400 g Holunderbeeren. Puderzucker zum Bestäuben.

Aus Mehl, Ei, Zucker, Salz und Butter einen Teig kneten und ½ Stunde kalt stellen. Anschließend eine Springform damit auskleiden und den Boden im vorgeheizten Backofen bei 200° (Mitte) 12 Minuten backen. Für die Füllung das Eiweiß steif schlagen und die Holunderbeeren vorsichtig waschen und verlesen. In einer Schüssel Frischkäse, Quark, Zucker, Eigelb, Sahne, Zitronensaft und -schale, Rum und Vanillepuddingpulver mit dem Handmixer kräftig aufschlagen. Das Eiweiß und die Holunderbeeren unterziehen und die Masse in die Form geben. Bei 190° (Mitte) 60 Minuten backen. Mit Puderzucker bestäubt servieren.

Holunderplattenkuchen

Für den Teig: 1 Tasse Öl, 2 Tassen Zucker, 1 Vanillezucker, 4 Eier, 3 Tassen Mehl, 1 Tasse Mineralwasser mit viel Kohlensäure, Saft einer Zitrone.
Belag: 600 g Holunderbeeren. Puderzucker.

In einer Schüssel Öl mit Zucker, Vanillezucker und Eiern schaumig rühren. Mehl zugeben, unterrühren und anschließend das Wasser unterheben. Ein Backblech mit Backpapier auskleiden und den Teig einfüllen.
Für den Belag die Holunderbeeren verlesen und gleichmäßig darauf verteilen.
Im vorgeheizten Backofen bei 160° (Mitte) etwa 50 Minuten backen. Nach dem Auskühlen mit Puderzucker bestreuen.

Hält tagelang frisch!

Die Torte aus dem Land zwischen den Meeren

Teig: 125 g Butter, 4 Eigelb, 125 g Zucker, 1 Vanillezucker, 2 Essl. Milch, 200 g Mehl, 2 Tl. Backpulver, 4 Eiweiß, 250 g Zucker, 4 Essl. Mandelblätter.
Füllung: 175 ml Holunderblütensirup, 100 ml Wasser, 2 gehäufte Tl. Speisestärke, 250 ml Sahne.

Für den Teig Butter, Eigelb, Zucker, Vanillezucker und Milch schaumig rühren. Mit Backpulver vermischtes Mehl dazusieben und untermengen. In 2 Springformen im Boden ein passendes Backpapier einklemmen und den Teig darin verteilen. Das Eiweiß steif schlagen und den Zucker dabei einrieseln lassen. Den Schnee auf dem Teig verteilen. Mandelblätter darüber streuen. Im vorgeheizten Backofen bei 180° (Mitte) 30 Minuten backen. Abkühlen lassen. Für die Creme den Sirup mit Wasser auffüllen, erhitzen und mit Stärke abbinden. Abkühlen lassen. Sahne steif schlagen und unter die Creme ziehen. Die Creme auf den untersten Boden geben und den zweiten Boden oben auflegen.

Holunderrolle

Für die Bisquitrolle: 4 Eier, 4 Essl. Wasser, 150g Zucker, 1 Vanillezucker, 75 g Mehl, 75 g Speisestärke, 1 Tl. Backpulver. Semmelmehl.
Für die Füllung: ca. 450 g Holundermarmelade.

Für die Rolle ein Backblech mit Backpapier auslegen. In einer Schüssel die Eier schaumig schlagen und dabei den Zucker und Vanillezucker einrieseln lassen. 4 Essl. heißes Wasser zufügen. Mehl mit Backpulver und Stärke mischen und zu der Eiermischung sieben. Locker unterziehen. Sofort auf dem Backblech verteilen und im vorgeheizten Backofen bei 225° (Mitte) 10 Minuten backen. Ein Geschirrhandtuch mit Semmelmehl bestreuen und den Bisquit mit der oberen Seite darauf stürzen. Das Papier mit Wasser einpinseln und dann vorsichtig abziehen. Wenn es gelöst ist, die Rolle mit dem Papier zusammen aufrollen und auskühlen lassen. Anschließend mit der Holunder-marmelade füllen und wieder aufrollen.

Tipp: Mit Puderzucker bestreuen!

Puddingkuchen

Teig: 4 Eier, 1 Tasse Öl, 1 Tasse Zucker, 175 g Vanillepuddingpulver, 1 Backpulver.
Belag: 700 g Himbeeren, 3 Becher Sahne, 3 Tl. Vanilla.
Guss: 400 ml Holunderbeerensaft, 4 Vanillesoßenpulver (instant).

Ein Backblech mit Backpapier auslegen.
In einer Schüssel Eier, Öl, Zucker, Vanillepuddingpulver und Backpulver mit einem Handmixer verrühren bis sich der Zucker gelöst hat. Auf dem Backblech verteilen und bei 175° (Mitte) 20-25 Minuten backen. Nach dem Auskühlen die Himbeeren darauf verteilen.
Die Sahne mit Vanilla steif schlagen und auf das Blech streichen.
Für den Guss den Saft mit Instantpulver kräftig verrühren und stehen lassen, bis er anfängt dicklich zu werden. Über den Kuchen gießen.

Tipp: Es können auch gefrorene Früchte verwendet werden. Dazu sollten sie gefroren auf den Boden gegeben werden und dort auftauen.

Holundertörtchen

Für den Teig: 125 g Butter, 150 g Zucker, 1 Vanillezucker, 2 Eier, 200 g Mehl, 50 g gemahlene Mandeln, 2 Tl. Backpulver.
Füllung: 300 g Holunderbeeren, Puderzucker.
Muffinförmchen.

Für den Teig Butter, Zucker, Vanillezucker und Eier schaumig rühren. Mehl dazusieben und gemahlene Mandeln unterziehen. Den Teig in einen Gefrierbeutel geben, verschließen und eine Ecke abschneiden. So gleichmäßig in die Papierförmchen spritzen auf ca. 2/3 Höhe. In jede Form einen Tl. Holunderbeeren geben und bei 175° (Mitte) 20 Minuten backen.
Mit Puderzucker bestreut servieren.

Holunder-Scones

50 g Butter, 50 g Zucker, 2 Eier, 250 g Mehl, 1/8 l Sahne, 1 Prise Salz, ½ Backpulver, 150 g Holunderbeeren, 2 Essl. Zucker, 1 Msp. Zimt, zerlassene Butter.

Die Butter mit dem Zucker in eine Rührschüssel geben und mit dem Handmixer schaumig rühren. Eier mit dem Rahm verschlagen und nach und nach zu dem Buttergemisch geben. Mehl mit Backpulver und Salz mischen, zum Cremegemisch sieben und untermengen. Die Holunderbeeren von den Stielen befreien und vorsichtig waschen. Die Beeren abtropfen lassen und mit Zucker und Zimt vermischen. Die Teigmasse vorsichtig mit dem Holundergemisch vermengen. Esslöffelgroße Häufchen auf ein gebuttertes Blech setzen. Nicht mehr als 12, denn sie laufen auseinander! Bei 190° (Mitte) 15-20 Minuten backen und noch heiß mit zerlassener Butter servieren.

Getränkebar

Michaelas Holunderblütensekt

1 kg Gelierzucker, 10 l Wasser, Saft von 2 Zitronen, 20 Holunderblütendolden, 2 Zitronen unbehandelt.

Zucker, Wasser und Zitronensaft aufkochen. Die Holunderblüten an den Stielen zusammenbinden und in die heiße Lösung hängen. Die Zitronen in Scheiben schneiden und ebenfalls in die Lösung geben. Mindestens 12 Stunden ziehen lassen. Alles gut durchsieben. Die Flüssigkeit in vorbereitete Flaschen geben und gut verschließen.

Der Sekt eignet sich als Grundlage für:

- eine fruchtige Bowle
- erfrischende Getränke
- Fruchtsekt

Fliedersekt von Oma Bergstedt

7 l Wasser, 10 Holunderblüten, 1 kg Zucker, 2 unbehandelte Zitronen, 20 g Zitronensäure.

Wasser, Holunderblüten, Zucker, in Scheiben geschnittene Zitronen und Zitronensäure vermischen und 24 Stunden ziehen lassen. Alles durchsieben und in vorbereitete Flaschen füllen. 8 Tage offen stehen lassen. Noch einmal umgießen. Flaschen verschließen und kühl stellen.

Lecker! Eine spritzige alkoholfreie Variante.

Hellas Blütenbowle

3 Essl. Honig, 3 Essl. Weißwein, 2 Zitronen ungespritzt, 6 Dolden Holunderblüten, 2 Flaschen Weißwein, 1 Flasche Sekt.

Die Blüten von den Dolden entfernen. Zitronen in Scheiben schneiden. Den Honig mit 3 Essl. Weißwein vermischen. In einem Bowlegefäß das Honiggemisch mit Zitronenscheiben und Blüten mischen und den Weißwein zugeben. Alles mindestens 2 Stunden kalt stellen. Separat auch den Sekt kühlen. Vor dem Servieren den Sekt zugeben.

Eine tolle und frische Sommerbowle!

Variation: Statt Sekt eine Flasche Selter mit viel Kohlensäure zugeben. Schmeckt auch sehr gut!

14 Tage Sekt

3 große Holunderblütendolden, 1 unbehandelte Zitrone, 1/8 l Weinessig, 500 g Zucker, 5 l Wasser.

Die Dolden vorsichtig abspülen und auf einem Küchenkrepp abtropfen lassen. Die Zitrone in dünne Scheiben schneiden. Die Blütendolden zusammen mit den Zitronenscheiben in einen Steinguttopf legen und mit dem Zucker bestreuen. Wenn sich der Zucker gelöst hat, das Wasser zum Kochen bringen und damit aufgießen und umrühren. Den Topf abdecken. Nach 3 Tagen den Sekt in vorbereitete Flaschen füllen und kalt stellen. Nach 10 Tagen ist der Sekt genussfertig.

Blütenflip

4 kleine Holunderblütendolden, 450 ml frische Vollmilch, 2 Essl. Rohrzucker, 1 Tl. Vanilla, 2 Eigelb, 6 cl. Rum oder Weinbrand.

Die Holunderblüten von den Stielen zupfen und mit der Milch aufkochen. Vom Herd nehmen und 20 Minuten ziehen lassen. Abseihen und die Milch mit Zucker und Vanilla verrühren, bis sich der Zucker aufgelöst hat. Abkühlen lassen. In eine Rührschüssel geben, mit Eigelb und Rum schaumig aufschlagen und servieren.

Amerikanischer Holundertee

Für eine Tasse: 200 ml kaltes Wasser, ½ Tl. frische Holunderblüten, ½ Tl. getrocknete Holunderblüten, Zucker oder Honig nach Geschmack.

Die Holunderblüten mit dem Wasser in einem Topf vermischen und 5-10 ziehen lassen.

Das Wasser zum Kochen bringen und nur einmal kräftig aufwallen lassen. Durch ein Sieb abseihen und mit Zucker oder Honig nach Geschmack etwas süßen.

Ein Tee der gut tut und immer schmeckt!

Tipp: Schmeckt auch mit einem Glas weißem Rum sehr gut!

Das Rezept wurde von Michaela Prechel zur Verfügung gestellt.

Likörzauber

Holunderbeerlikör von Oma Gerda

¼ Tasse gekochter Holunderbeerensaft, 1 Tasse frische Holunderbeeren, 3 Essl. Zucker, 1 Liter Zwetschgenwasser.

Der Holunderbeersaft wird mit den frischen Beeren und dem Zucker gemischt. Alles in eine weithalsige Flasche oder ein ähnliches Gefäß geben und mit dem Zwetschgenwasser übergießen. Verschließen und 6 Wochen ruhen lassen. Nach der Ruhezeit abseihen und in kleine Flaschen abfüllen.

Schmoks Likör

2 l Fliederbeersaft, 800 g Zucker, 100 g Vanilla, 2 cl Bittermandelöl, 1 Flasche Korn, 1 Flasche Rum 54 %.

Fliederbeersaft mit Zucker, Vanilla und Bittermandelöl aufkochen. Den Korn und den Rum dazugeben und sofort in vorbereitete Flaschen geben. Verschließen, auskühlen lassen.

Brandenburger Holunderlikör

350 g Holunderbeeren, ½ Flasche Korn, 2 Nelken, 1 Stück Zimt, 150 g Zucker.

Die Beeren leicht zerdrücken und mit dem Alkohol in eine große Flasche geben. Nelken und Zimtstange hineingeben, verschließen und 2 Wochen ziehen lassen.
Den Zucker in 1/8 l Wasser auflösen, aufkochen und abkühlen lassen. Zuckerlösung zur Beerenmasse geben alles gut durchrühren und durch ein Tuch abseihen. Den Likör in Flaschen füllen.
Vor dem ersten Genuss sollte der Likör sich noch einige Wochen entwickelt haben.

Blauer Brandy

1 kg Fliederbeeren, 150 g brauner Zucker,
1 Flasche Weinbrand.

Beeren in einen Topf geben und mit Zucker vermischen. Den Topf abdecken und zum Kochen bringen. Wenn die Beeren geplatzt sind, kräftig durchstampfen, in ein feines Sieb geben und über Nacht ablaufen lassen. Am nächsten Tag den Saft mit Weinbrand mischen und in Flaschen abfüllen. Vor dem ersten Genuss 8 Wochen ziehen lassen.

Likör für ganz Eilige

3 l Holundersaft, 0,75 l 96 % Alkohol aus der Apotheke, Zucker, Nelken, Zimt, Kardamon.

Alle Zutaten mischen und nach Geschmack Gewürze zugeben. Rühren, bis sich der Zucker aufgelöst hat. So ist der Likör sofort genussbereit!

Ginzeit

350 g Fliederbeeren, ½ Vanillestange, 175 g Kandis, 1 Flasche Gin.

Fliederbeeren vorsichtig waschen, abtropfen lassen und in ein Weckglas geben. Vanillestange auflegen, mit Kandis bedecken und den Gin auffüllen. Den Ring auflegen und das Glas verschliessen. 8 Wochen reifen lassen. Ab und zu durchschütteln.

Blütenlikör

12 Holunderblütendolden, 1 Tasse Zucker, 1 Tasse Wasser, 1 unbehandelte Zitrone, 1 Flasche Doppelkorn.

Blütendolden verlesen, den Strunk so weit es geht abschneiden. Zitrone waschen, in dünne Scheiben schneiden und mit den Blüten in ein Steingutgefäß geben. Zucker und Wasser aufkochen. Kochend über die Blüten geben und den Korn dazugeben. Verschließen, 4 Wochen ziehen lassen und abseihen.

Holunderobstler

650 g Holunderbeeren, 0,7 l Obstler, 450 g Vollrohrzucker, 1 Zimtstange.

Holunderbeeren verlesen, vorsichtig waschen und auf einem Geschirrhandtuch abtropfen lassen. In einen Steinguttopf geben und mit Zucker, Obstler und Zimtstange mischen. Abdecken und 6 Wochen reifen lassen. Danach abseihen und abfüllen.

Hollergeist

2,5 kg Holunderbeeren, 5 Vanilleschoten, 7 Gewürznelken, 1 kg Zucker, 160 ml Weingeist (96 % aus der Apotheke)

Holunderbeeren verlesen, von den Stielen zupfen und mit 1 Liter Wasser 1 Stunde köcheln lassen. Abseihen, die Flüssigkeit zusammen mit längs aufgeschnittenen Vanilleschoten, Nelken und Zucker aufkochen. Erkalten lassen und mit Weingeist mischen und abseihen.
In Flaschen füllen und 2 Wochen reifen lassen.

Punsch & Co

Priebes Holunderpunsch

¾ l ungesüßter Holundersaft, 4 Nelken, Zimt, 4 Essl. Zitronensaft, ¼ l Rotwein, 5 Essl. Zucker.

Den Holundersaft mit ¼ l Wasser erhitzen. Nelken und Zimt dazugeben und kurz durchkochen. Zucker und Zitronensaft zugeben und rühren, bis sich der Zucker aufgelöst hat. Rotwein zufügen und noch einmal stark erhitzen, aber nicht mehr kochen lassen. Noch heiß servieren.

Holundergrog (starke Variante)

½ l Holundersaft, 2 Essl. Zucker, ½ l Korn.

Den Zucker im Saft auflösen. Den Saft erhitzen, den Korn zugeben und kredenzen.

Tipp: Etwas geschlagene Sahne mit Zimt anreichern und jeweils einen Tupfer obenauf geben!

Holsteiner Punsch

1 l Fliederbeersaft, ½ Tl. Zimt, Saft von einer Zitrone, Kandiszucker nach Geschmack, 1/8 l Rum.

Fliederbeersaft mit Zimt und Zitronensaft erhitzen. Kandiszucker nach Geschmack zugeben und auflösen. Zum Schluss Rum zugeben und heiß servieren.

Punsch ohne Alkohol

1 l Fliederbeersaft, 500 ml naturtrüber Apfelsaft, 3 Essl. Kandis, 1 unbehandelte Orange, 1 Essl. Sanddornsirup.

Orange waschen und in dünne Scheiben schneiden. Fliederbeersaft und Apfelsaft mit Sanddornsirup und Zucker in einen Topf geben und erhitzen. Nicht kochen! Zucker auflösen und Orangenscheiben zugeben und ziehen lassen. Heiß servieren!

Heißer Hollerpunsch

Je eine unbehandelte Zitrone und Orange, 400 ml Holundersaft, 450 ml schwarzer Tee, 5 Essl. Ahornsirup, 1 Tl. Vanilla.

Zitrone und Orange waschen und dünn abschälen. Den Saft auspressen und mit Holundersaft, Tee und der Schale in einem Topf erhitzen. Mit Ahornsirup und Vanilla abschmecken. Nicht kochen!

Feuerzangenbowle
(für ca. 6 Personen)

0,7 l Holunderbeerensaft, 2 Flaschen Rotwein (Merlot), 1 große unbehandelte Orange, 2 Stücke Zimtrinde, 1 Msp. Nelkenpulver, 1 Zuckerhut, Rum 54%.

Holundersaft mit dem Wein in einem Gefäß für Feuerzangenbowle mischen. Zimtrinde und Nelkenpulver dazugeben.
Die Orange waschen und in dünne Scheiben schneiden. Diese in der Mitte durchschneiden und in das Gefäß geben. Nun das Teelicht, oder ähnliches, im Stövchen anzünden und alles langsam erwärmen. Die Feuerzange quer über das Bowlengefäß legen, den Zuckerhut darauf plazieren und ausgiebig mit dem Rum tränken. Den Zucker flambieren und ausbrennen lassen. Den Vorgang noch mehrmals wiederholen. Das kann solange geschehen, wie noch Zucker vorhanden ist. Ab und zu leicht umrühren. Sobald die Feuerzangenbowle erwärmt und etwas flambierter Zucker hineingetropft ist, kann schon einmal probiert werden!

Überraschende Köstlichkeiten

Holunder-Brombeer-Ketchup

500 g Holunderbeeren (geputzt gewogen), 500 g Brombeeren, 400 g Zwiebeln gehackt, 300 ml weißer Malzessig, ¼ Tl. Nelkenpulver, ½ Tl. Piment, ½ Tl. Kurkuma, 200 g brauner Zucker.

Zwiebeln und Essig in einen Topf geben und 5 Minuten dünsten. Holunderbeeren, Brombeeren, Zucker und Gewürze zugeben und 30 Minuten bei kleiner Temperatur köcheln lassen. Ab und zu umrühren.
Etwas abkühlen lassen und mit einem Passierstab fein pürieren. Dann alles durch ein Sieb streichen. In kleine Flaschen füllen und verschließen.
Ergibt ca. 1 l.

Blütenessig

1 l Apfelessig, 12 Holunderblütendolden.

Die Dolden vorsichtig reinigen. Die Blüten von den Stängeln streifen und in ein Glasgefäß geben. Den Essig zugeben, alles gut durchrühren und abdecken. Wenn möglich, auf eine sonnige Fensterbank stellen und 2 Wochen ruhen lassen. Den Essig im Anschluss daran durch Filterpapier oder ein Tuch abseihen und in Flaschen füllen. Kühl aufbewahren.

Tipp: Für Salatsaucen und Fischmarinaden zu verwenden.

Holunderöl

0,7 l Sonnenblumenöl, 1 Tasse Holunderblüten.

Die Holunderblüten verlesen und mit dem Öl mischen. 2 Wochen ziehen lassen, und dann abseihen.
Tipp: Passt gut zu Salaten und Antipasti!

Holunderrelish

1 kg Holunderbeeren, 500 g Äpfel, 3 Zwiebeln, 1 Stück Ingwer 15 cm, 1 Tl. Zimt, Schale einer unbehandelten Zitrone, 250 g Gelierzucker, 7 Löffel Weißweinessig.

Die Holunderbeeren waschen, verlesen, in einen Topf geben und zerdrücken. Den mit dem Deckel abgeschlossenen Topf zum Kochen bringen und 15 Minuten köcheln lassen. Anschließend durch ein Sieb gründlich passieren. Das Mark wieder in den Topf geben.

Äpfel schälen und grob raspeln. Die Zwiebeln würfeln. Den Ingwer schälen und raspeln. Apfelraspel mit Zwiebelwürfeln, Ingwer, Zitronenschale und Essig zu dem Holundermark geben und aufkochen. 7 Minuten leicht köcheln lassen. Den Gelierzucker einrühren und weitere 4 Minuten leicht köcheln. In vorbereitete Twist-Off-Gläser geben und sofort verschließen.

Passt zu allen Fleisch-, Fisch- und Wildgerichten!

Rotes Chutney

1 kg Fliederbeeren, 3 Zwiebeln, 500 g Kürbisfleisch, 450 ml Essig, 1 Stück Ingwer von ca. 5 cm Länge, 8 Essl. Zucker, 1 Tl. Salz, 2 Essl. Senfkörner, ½ Tl. Cayennepfeffer.

Fliederbeeren waschen und verlesen. Zwiebeln schälen und würfeln. Kürbis schälen, entkernen und in kleine Würfel schneiden. Ingwer schälen und fein raspeln. Alles in einen Topf geben und mit Essig, Zucker, Salz, Senfkörnern und Cayennepfeffer vermischen und ca 40 Minuten leicht köcheln lassen. Ab und zu umrühren. Sobald das Chutney eine cremige Konsistenz hat, in vorbereitete Twist-Off-Gläser abfüllen und sofort verschließen.

Tipp: Passt zu Fleisch, Fisch und Fondue!

Holleressig

8 Essl. Holunderbeeren, 100 ml Essigessenz
400 ml Rotwein.

Holunderbeeren mit der Essigessenz und dem Rotwein mischen und in ein Weckglas o.ä. geben. Gut verschließen. Alles 3-4 Wochen ziehen lassen, anschließend filtern und in Flaschen füllen.

Holundersenf

6 Essl. körniger Senf, 6 Essl. scharfer Senf, 2 Essl. frisch geriebener Meerrettich, 4 Essl. Holundermark, 2 Essl. Honig.

Körnigen Senf, scharfen Senf, Meerrettich, Holundermark und Honig gut verrühren und in ein Glas füllen. Verschließen und im Kühlschrank aufbewahren.
Der Senf kann sofort in Gebrauch genommen werden.

Holunderkapern

750 g unreife grüne Holunderbeeren, 500 ml Weinessig, Salz, Thymian.

Beeren waschen und verlesen. 1 l Wasser zum Kochen bringen und 1 Essl. Salz zugeben und auflösen. Das Wasser abkühlen lassen, die Beeren zugeben und über Nacht stehen lassen. Am nächsten Tag absieben und die Beeren in leicht gesalzenem Wasser 5 Minuten köcheln lassen. Abseihen und mit Thymian würzen. In ein Glas den Essig geben, die Beeren einfüllen, verschließen und kühl aufbewahren. Vor dem ersten Genuss 1 Woche stehen lassen.

Wildsauce

600 g Holunderbeeren, 450 ml guter Apfelessig, 1 Tl. Salz, Muskat, 45 bunte Pfefferkörner, 1 Stück Ingwer (10 cm), 10 Gewürznelken, 2 kleine Schalotten gewürfelt, ½ Tl. Honig.

Die Holunderbeeren waschen, verlesen und mit dem Essig zusammen in einen Topf geben. Abdecken und über Nacht ziehen lassen. Flüssigkeit abgießen und auffangen.

Salz, Muskat und Pfefferkörner, gehackte Zwiebel und Honig in die Flüssigkeit geben. Ingwer schälen, fein reiben und in die Sauce geben. Die Sauce zum Kochen bringen und 15 Minuten leicht köcheln lassen. Nach 10 Minuten 2 Essl. von den Holunderbeeren zugeben. Die Sauce in vorbereitete Flaschen geben und sofort verschließen.

Passt hervorragend zu Fleisch- und Wildgerichten!

Chutneymix

500 g Holunderbeeren, 500 g Zwetschgen, 500 g Brombeeren, 4 große Zwiebeln, 400 g Gelierzucker, 2 Essl. Senfkörner, 1 Stück frischer Ingwer (5 cm), 2 Tl. Salz, ½ Tl. Cayenne, 400 ml Apfelessig.

Holunderbeeren waschen, verlesen und entstielen. Zwetschgen waschen, entkernen und vierteln. Brombeeren waschen und verlesen. Von den Zwiebeln die Schale entfernen und würfeln. Ingwer schälen und fein reiben.

Holunderbeeren, Zwetschgen, Brombeeren, Zwiebeln, Gelierzucker, Senfkörner, Ingwer, Salz, Cayenne und Essig in einen Topf geben und vermischen. 30 Minuten leicht köcheln lassen und dabei immer wieder umrühren.

Heiß in vorbereitete Twist-Off-Gläser füllen und sofort verschließen.

Holundermus

3 kg Holunderbeeren, 500 g Zucker, Saft von 1 Zitrone, 10 Essl. Essig.

Holunderbeeren verlesen, von den Stielen befreien waschen und abtropfen lassen.
Die Beeren mit Zucker, Zitronensaft und Essig in einen Topf geben und 25 Minuten leicht köcheln lassen. In Gläser geben und sofort verschließen.

Das Mus ist eine Grundlage für viele Rezepte!

Tipp: Holundermus kann auch flach eingefroren werden und ist so immer gut portionierbar!

Wenn man einfriert, kann man es auch ohne Zitrone und Essig zubereiten!

Holunderzucker

1 kg Zucker, 8 Holunderblüten.

Die Holunderblütendolden verlesen, nicht waschen!
Alle Dolden mit dem Stielende nach oben in ein verschließbares Plastikgefäß geben und den Zucker gleichmäßig darauf und an der Seite um die Dolden herum verteilen. Das Gefäß verschließen. Täglich 1x durchschütteln. Nach 7 Tagen die Dolden entfernen.

Tipp: Der Holunderzucker kann zum Süßen von Tees und Getränken verwendet werden. Auch zum Süßen von Nachspeisen und Backwaren eignet er sich hervorragend!

Wilmas gutes Kompott

3 harte Birnen, 500 g Zwetschgen, 5 Essl. Holunderbeeren, 3 Essl. Zucker.

Birnen waschen, schälen, vierteln, entkernen und in kleine Stücke schneiden. Zwetschgen waschen, entsteinen und halbieren. Holunderbeeren verlesen, waschen und gut abtropfen lassen. Ein Weckglas mit 1l-Fassungsvermögen vorbereiten. Zuerst die Birnen einschichten, dann die Zwetschgen und zum Schluss die Holunderbeeren in das Glas geben. Den Zucker darüber streuen und mit Wasser auffüllen, so dass es ¾ voll ist. Verschießen, in den Weckkessel stellen, alles auf 80° aufheizen und 10 Minuten danach wieder abstellen. Abkühlen lassen.

Tipp: Der Vitaminstoß im Winter!

Variation: Man kann das Kompott auch zum sofortigen Verzehr kochen. Dazu nimmt man gleiche Mengen, kocht sie im Topf und bindet sie mit Vanillepuddingpulver ab. Lecker!

Rotkohl einmal anders

1 kg Rotkohl, 4 Äpfel (Boskop), 3 Nelken, 1 Msp. Kümmelpulver, 50 g Schmalz, Salz, Zucker, 250 ml Fliederbeersaft, 4 Essl. Essig, Zimt.

Vom Rotkohl den äußeren Blattkranz abnehmen, vierteln, den Strunk auslösen und den Kohl in feine Streifen hobeln.
Die Äpfel schälen, entkernen und in kleine Stücke schneiden. Das Schmalz in einem Topf zerlassen und den Rotkohl zugeben. Scharf andünsten und dabei umrühren. Mit Fliederbeersaft ablöschen. Apfelstücke, Zimt, Nelken und Kümmel zugeben und untermengen. Nach Geschmack Salz und Zucker zugeben. Abgedeckt eine halbe Stunde bei reduzierter Hitze kochen lassen. Dabei umrühren. Den Essig zugeben und eine weitere halbe Stunde köcheln lassen. Dabei umrühren.
Passt zu Fleischgerichten und zu Wild.

Tipp: Noch 2 Essl. Holundermus zugeben. So ergibt sich eine interessante Geschmacksnote!

Marmeladenecke

Holunderblütengelee von Oma Gerda

10 Holunderblüten, 1 Liter Wasser, 1 Packung Gelierzucker 1:2, Saft von 2 Orangen, Saft von 2 Zitronen.

Holunderblüten, Wasser, Orangen- und Zitronensaft werden vermischt und abgedeckt an einem kühlen Ort über Nacht stehen gelassen. Am nächsten Tag wird alles durch ein Sieb oder Tuch gegossen und der Saft mit dem Gelierzucker vermischt. Nach Anweisung kochen und heiß in vorbereitete Twist-Off-Gläser füllen und sofort verschließen. 5 Minuten umgedreht stehen lassen.

Blütenmarmelade

750 g Erdbeeren, 250 g Himbeeren, 6 Dolden Holunderblüten, 1 kg Gelierzucker, 2 Essl. Zitronensaft, 4 cl. Wodka.

Erdbeeren putzen und klein schneiden. Die Blüten von den Dolden zupfen. Erdbeeren, Himbeeren, Blüten, Gelierzucker, Zitronensaft und Wodka in einem Topf verrühren und nach Vorschrift kochen. In vorbereitete Twist-Off-Gläser geben, verschließen und 5 Minuten auf den Kopf stellen.

Holunder-Cranberry-Mix

500 g Holunderbeeren, 500 g Cranberries, Saft von 1 Zitrone, 1 kg Gelierzucker.

Cranbeeries halbieren und mit den Holunderbeeren, Zitronensaft und Gelierzucker nach Vorschrift kochen. In vorbereitete Gläser geben und 5 Minuten auf den Kopf stellen.
Lecker!

Zimtgelee

500 ml Holundersaft, 500 g Apfelmus, Saft von ½ Zitrone, 1 Tl. Zimt, 1 kg Gelierzucker.

In einem Topf Holundersaft, Apfelmus und Zitronensaft mit Zimt mischen. Gelierzucker zugeben und alles verrühren. Nach Vorschrift kochen und in vorbereitete Twist-Off-Gläser füllen. Sofort verschließen und 5 Minuten auf den Kopf stellen.

Verarbeitungstipp: Statt Apfelmus kann auch Apfelsaft verwendet werden!

Beerenmix

750 g Fliederbeeren, 450 g Brombeeren, 1 kg Gelierzucker, Saft von 1 Zitrone.

Beide Beerensorten in einem Topf aufkochen und anschließend durch ein Sieb passieren. Das Mus mit Gelierzucker und Zitronensaft nach Vorschrift kochen und sofort in Gläser füllen.

Traubenmarmelade

600 g Weintrauben, 400 g Holunderbeeren, Saft von 1 Zitrone, 1 kg Gelierzucker.

Weintrauben halbieren und entkernen. Trauben mit Fliederbeeren, Zitronensaft und Gelierzucker in einen Topf geben und nach Vorschrift kochen. In vorbereitete Twist-Off-Gläser füllen, verschließen und 5 Minuten auf den Kopf stellen.

Birnenmix

1 kg Birnen, 500 g Fliederbeeren, Saft von 1 Zitrone, 1,5 kg Gelierzucker.

Birnen schälen, entkernen, klein schneiden und die halbe Menge zermusen. Alles in einem Topf mit den restlichen Fliederbeeren, Gelierzucker und Zitrone mischen und nach Vorschrift kochen. Sofort in vorbereitete Twist-Off-Gläser geben und verschließen.

Tipp: 6 cl Birnengeist zugeben! Lecker!

Holunder-Johannisbeermix

750 g Holunderbeeren, 250 g schwarze Johannisbeeren, Saft von 1 Zitrone, 1 kg Gelierzucker.

Die Beeren vorsichtig waschen und mit dem Zitronensaft und dem Gelierzucker in einem Topf vermischen. Nach Vorschrift kochen, in vorbereitete Twist-Off-Gläser füllen und 5 Minuten auf den Kopf stellen.

Fliedergrog

500 g Fliederbeeren, 500 g trockenes Kürbismus, Saft von 1 Zitrone, 6 cl Rum, 1 kg Gelierzucker, 1 Packung Gelfix.

Fliederbeeren mit Kürbismus, Zitronensaft, Rum, Glierzucker und Gelfix in einem Topf mischen. Nach Vorschrift kochen, in vorbereitete Twist-Off-Gläser füllen und 5 Minuten auf den Kopf stellen.

Holundertraum

500 g Fliederbeeren, 650 g Apfelstücke, Saft von 1 Zitrone, 1 kg Gelierzucker.

Apfelstücke mit 4 Essl. Wasser weichdünsten. Fliederbeeren, Zitronensaft, Gelierzucker zugeben und nach Vorschrift kochen. In vorbereitete Twist-Off-Gläser füllen und 5 Minuten auf den Kopf stellen.

Holundergelee

750 ml Holundermuttersaft (unverdünnt), 1 kg Gelierzucker, Saft von 1 Zitrone.

Saft mit Gelierzucker und Zitrone mischen und nach Vorschrift kochen. In vorbereitete Twist-Off-Gläser geben und 5 Minuten auf den Kopf stellen.

Leckere Variation: -500 ml Holundersaft und 300 ml Johannisbeersaft verwenden.
Oder: 6 cl Whiskey zugeben!

Blütenhonig

500 g milden Rapshonig, 6 Tl. Holunderblüten.

Den Honig in einem Topf bei sehr geringer Temperatur zum Schmelzen bringen. Die Blüten verlesen und einrühren. Den Honig wieder in ein Glas geben.

Tauschtipp: Es kann auch ein flüssiger Honig verwendet werden, dann sollte darauf geachtet werden, dass er mild ist.

Johannisbeergelee mit Holunderblüten

750 ml Johannisbeersaft, 1 Tasse Holunder-blüten, Saft von 1 Zitrone, 1 kg Gelierzucker.

Den Johannisbeersaft mit Holunderblüten, Zitronensaft und Gelierzucker nach Vorschrift kochen. In vorbereitete Twist-Off-Gläser füllen, verschließen und 5 Minuten auf den Kopf stellen.

Quitten-Holunder-Gelee

500 ml Holundermuttersaft, 500 ml Quittensaft, Saft von 1 Zitrone, 1 kg Gelierzucker.

Holundersaft und Quittensaft mit Zitrone und Gelierzucker mischen und nach Vorschrift kochen. In vorbereitete Twist-Off-Gläser geben und 5 Minuten auf den Kopf stellen.

Tipp: Man kann Quittensaft gewinnen, in dem man die Schalen der Quitten einkocht!

Pfirsich-Blüten-Marmelade

1 kg Pfirsiche, 4 Holunderblütendolden, 1 kg Gelierzucker, Saft von 1 Zitrone.

Pfirsiche mit kochendem Wasser überbrühen, die Haut abziehen, entkernen, in Stücke schneiden, zermusen und mit den abgezupften Blüten, dem Gelierzucker und Zitronensaft nach Vorschrift kochen. Anschließend in Gläser füllen.

Rumtopf-Marmelade

250 g Holunderbeeren, 150 g Erdbeeren, 250 g Himbeeren, 150 g Heidelbeeren, 200 g Kirschen, 6 cl Rum 54 %, ! kg Gelierzucker, Saft von einer Zitrone.

Holunderbeeren vorsichtig waschen und gut abtropfen lassen. Erdbeeren waschen und entstielen, auf einem Küchenkrepp abtropfen lassen und vierteln. Heidelbeeren waschen und abtropfen lassen. Kirschen waschen und entsteinen. Alle Früchte in einem Topf mit Rum und Zitronensaft mischen und über Nacht im Kühlschrank gut durchziehen lassen.
Am nächsten Tag den Gelierzucker zugeben und nach Vorschrift kochen. Die Marmelade in vorbereitete Twist-Off-Gläser geben, verschließen und 5 Minuten auf den Kopf stellen.

Tipp: Sollten nicht alle Früchte saisonbedingt frisch erhältlich sein, lässt sich auf Tiefkühlware zurückgreifen!

Rezeptverzeichnis

Süße Suppenschüssel 67

Hauptmahlzeiten süß und herzhaft 79

Weitere Kochbücher aus dem Verlag-SCHNELL

Format 15 x 21 cm; handgeschrieben,
gebunden,

9,90 EURO

Erdbeeren
Pumpernickel
Mit und ohne (Liköre/Schnäpse)
Kürbis - Der Kaiser des Gartens
Kartoffel-Kochbuch
Äpfel
Pumpkin & Co (Kürbiskochbuch)
Himbeeren & Heidelbeeren
Bärlauch
Ufos & Co (Zucchinikochbuch)
Kinderkochbuch
Muhhh / Milch, Käse, Quark & Co
Köstlichkeiten von einem edlen Gemüse
(Spargel-Kochbuch)
Verpackte Köstlichkeiten
Westfälischer Kaffeeklatsch
Westfälisches Plätzchenbuch
Kochbuch aus Westfalen
Champignon, Steinpilz & Co
Holunderzauber

Westfälische Köstlichkeiten 18,40 EURO
Rezepte zum Verlieben 7,45 EURO
Kleckskuchen vom Blech 8,40 EURO
Bienenstich 8,40 EURO
Das Marmeladenbuch 5,- EURO

Literarische Kochbücher:

Das Goethe Kochbuch 12,40 EURO
Goethes erotische Liebesspeisen 13,40 EUR
Kochen mit Wilhelm Busch 13,40 EURO
Das Fontane Kochbuch 10,- EURO
Kochb. d. Weimarer Klassik 13,40 EURO
Auch ich in Arkadien 9,90 EURO

KÜRBIS
Der Kaiser des Gartens
Ein Kochbuch
SCHNELL

UFOS & Co
Ein Zucchinikochbuch
SCHNELL

Das
BÄRLAUCH
Kochbuch
Andrea Kösslinger • Sibylle Reiter
SCHNELL

Erdbeeren
Einfache und raffinierte
Rezepte
rund um eine
verführerische
Frucht
SCHNELL

Rundum köstliche Rezepte
Äpfel
SCHNELL